躬行集

黄翼新语文教学卅五年

黄翼新 / 著

湖南师范大学出版社

·长沙·

图书在版编目（CIP）数据

躬行集：黄翼新语文教学卅五年 / 黄翼新著. —长沙：湖南师范大学出版社，2021.12

ISBN 978 – 7 – 5648 – 4318 – 2

Ⅰ. ①躬…　Ⅱ. ①黄…　Ⅲ. ①中学语文课—教学研究　Ⅳ. ①G633. 302

中国版本图书馆 CIP 数据核字（2021）第 168874 号

躬行集：黄翼新语文教学卅五年

Gongxing Ji：Huang Yixin Yuwen Jiaoxue Sawu Nian

黄翼新　著

◇出 版 人：吴真文
◇组稿编辑：李　阳
◇责任编辑：李永芳　江洪波
◇责任校对：赵英姿
◇出版发行：湖南师范大学出版社
　　　　　　地址/长沙市岳麓区　邮编/410081
　　　　　　电话/0731-88873071　88873070　传真/0731-88872636
　　　　　　网址/http：//press. hunnu. edu. cn
◇经销：新华书店
◇印刷：长沙市宏发印刷有限公司
◇开本：710 mm×1000 mm　1/16
◇印张：15
◇字数：280 千字
◇版次：2021 年 12 月第 1 版
◇印次：2021 年 12 月第 1 次印刷
◇书号：ISBN 978 – 7 – 5648 – 4318 – 2
◇定价：59. 80 元

凡购本书，如有缺页、倒页、脱页，由本社发行部调换。

投稿热线：0731-88872256　13975805626　QQ：1349748847

序二

荷香墨韵语文人

与黄翼新老师的结缘是在 2018 年年底，我们湖南师大文学院承办了一个省级语文新高考专题培训班。短短十天培训，集结了全省各地州市的 70 多位语文名师。只因听说黄老师是为我们摄影的小周的语文老师，对他稍有关注。但黄老师其貌不扬，又行事低调，我也没对他有更多的了解。直到那天，黄老师主动提出要借文学院会议室一用，准备当场创作一幅国画赠送给文学院，我这才有缘识得一位功底深厚的画家语文人！只见黄老师把丈余长的宣纸在会议桌上一铺开，便拿起笔在纸上画起来，看似随意地用墨笔勾勒，任由墨线由润变枯，几折几顿之间，嶙峋梅枝横斜姿态尽显；再沾水润笔，在枝头几点几画，数朵墨梅便枝头绽放了！黄老师又打开颜料盒，化开些中国红，笔尖满蘸，在墨梅花瓣间一点一染，再在梅枝左下部空白处配上一块皴裂的山石，勾几片兰花草叶，一幅笔墨恣肆、傲霜凌雪的红梅图就成了。从此，我尊黄老师为黄大师。

因喜好舞笔弄墨，黄大师的语文课也是艺术味十足！在培训最后的分享中，有幸听到了他上的《兰亭集序》。记得他是以自己临摹的作品引入，比对王羲之的原作，引发学生极大兴趣，顺势带学生在字势行文中去感受晋人风度。这样的设计不落窠臼，又贴合文本，内蕴丰厚。直到后来读到黄大师的这本《躬行集》，才知道这样的教学设计是有理论依据的。他为改变应试教育愈演愈烈的灌输模式，早在 20 年前就提出了自己的"激导"教学模式：一"激"重学情，凸显以生为本；一"导"重引领，彰显教师智慧。"激疑导读，教学有方"，"激情导练，下水示范"，正是他对自己从教卅五年来的语文教学的回眸与反思。好课如茗，是值得细细品读一二的。

"有风自南，翼彼新苗"（陶渊明《时运》），新苗在南风的吹拂下像羽翼似的微微摆动。"翼新"二字，春意竟盎然，灵动有活力。黄大师就给人这样的感觉。我们院承办的培训结束后，我又在省级语文教师工作坊集中研修活动中几次遇见他，他依然谦逊低调，至诚向学。于语文教学，他始终在杏坛辛勤耕耘，勇挑竞赛，教研一体，成果斐然。正因如此，他才能振翼而飞，从湘乡一乡镇中学来到东山学校。东山学校，曾是毛泽东就读过的。早些年在湘乡带实习，特意寻空去拜访了一回，果真气势恢宏，底蕴深厚。后研究湖南民国教育史，方知湖南最早的新式教育就始于"东山精舍"，后易名为"东山书院"，百余年来，秉持"公诚勤俭"的校训，陶铸群英，弦歌不辍，现已是省重点高中了。能被这样一所百年名校挑中、重点培养的名师，自是优秀者呀！

我还时不时能在微信中见到黄大师的国画新作。于绘画，他原本是自幼得到熏陶，后又师从著名画家王志坚，更北上至北京画院王培东门下深造。"课余之闲却好绘事、篆刻，且乐此不疲，是当地花鸟画名家"（《宁静通达境入禅——黄翼新老师花鸟画艺术浅谈》）。正如他朋友所评，黄大师绘画天赋极高，讲究骨法用笔，融合文学的艺术气韵，画风颇具禅味。黄大师酷爱画荷，曾得他相赠一本画集，大半为荷，且枯荷居多，气韵高古。配了不少题画诗，也大多咏荷，意味悠长："翠鸟枝头立，秋来荷叶老。水中鱼少未，泥里藕正好。""天天池中戏，秋来荷叶少。水凉犹不觉，莲塘可终老。"黄大师曾说过他画的荷多为户外写生所得实景，不经意间透出的是他精湛画功背后的勤学不辍。我揣度黄大师"龙城静客"这一自号之"静"有一部分是自勉——要耐得住寂寞刻苦用功吧？

昨为立夏日，又在微信中见黄大师画了一墨荷，题曰："夫大写意者，先有成竹于胸，落笔直振而为之，遂有佳作也。余作此幅，未有犹豫，干后展观，喜见气势，欣然命笔记之。"生活中的小确幸，小欢欣，全然来自于笔墨间。

好一位荷香墨韵语文人！

周　敏

2021 年 5 月于湖南师范大学

（周敏，湖南师范大学文学院教授，教育学博士，现代文学博士后，湖南师大文学院语文课程与教学论专业硕导，中国高等教育学会语文教育专业委员会理事，湖南省中语会副秘书长，湖南省小语会副理事长，教育部国家级教学成果奖评审专家，湖南省"国培"专家库专家）

序二

《躬行集》之读后感

二十多年前，我就发现翼新老师是一个很会教语文的年轻老师，心里颇有些窃喜——因为一直以来，举目全市，语文教得好的男老师较为稀罕。那时的他就颇有才情，是他们县小有名气的"年轻的名师"。我送他代表我市参加省初中语文课堂教学竞赛，凭一节初中作文教学指导课，他力压群雄，捧得了个省级教学竞赛一等奖。

这以后，我认识的翼新老师，频频在各级教学竞赛中摘金夺银，时有含金量很高的公开课示范课推送，也不断地提高着自己的"身价"——由普通老师到名师到学科带头人，从备课组长到教研组长；还连蹦带跳地跃升了"平台"，换了"东家"——初而优则高，乡中学优则县名初中、则市名高中。男语文老师黄翼新的"专业成长"，似乎走的是一条快车道。去年，我还惊异地发现，这位须发有些斑白的"语文大咖"，竟然又成了我市"国培A443班"的一位普通学员，一位听课、发言、活动、作业都特别认真的老学员。就在今年的早些时候，他们学校组织了一个对全市开放的"教学开放日"。大概是作为校园的"头牌"，学校安排了他一节课来对外公开。从听课者诸如"到底是……""这课赵老师你没听太遗憾啦……"之类的反馈中，我约略知道，翼新老师公开的这节高三作文指导课，肯定又是含金量十足。

不错，翼新老师的确是一位很会教语文的老师，他成长与成熟乃至成名，"专业成长"之高之快，让我辈老语文人都有些羡慕嫉妒恨。黄翼新怎么这么"会"教语文呢？在语文老师专业成长这条道上，他和同仁们可以说是同时出发，但不知不觉间，他就突出了重围领跑了方阵甚而至于一骑绝尘让人难望其项背，这是怎么做到的呢？作为他的朋友，我常常从他心地良善、待人真诚、善于学习等角度去找原因——不可否认的是，一个好人，才能是一个好语文老师，才能进步快。结果发现，虽有很多事例证明这中间确有一些因果关系，但还是不能完美解释心里的疑问。而到现在，再次拿起翼新老师新近递上的他拟结集出版的文集《躬行集》，再次思考其封面上"躬行"二字，再次阅读那数十篇文稿，我才有些恍然大悟的感觉。我现在明白了，翼新老师语文教学之所以过人，也许不仅是因为他是个"好人"，可能更多是因为他的"躬行"——这关乎态度与方法；更多的是因为他的"情怀"——这关乎他的底蕴与人格。

"躬行"，意谓身体力行，亲身实践。《论语·述而》曰："躬行君子，则吾未之有得。"圣人孔夫子是说，身体力行地去做一个君子，他没有达到。而我可以说，谦谦君子般的翼新老师在他的语文教学之路上，也是在以他的方式勉力"躬行"，以实现他语文教学的梦想。君可见，文集中有不少篇什是翼新老师不同时间的"下水作文"。所谓"下水作文"者，意谓脱去"老师"之衣装，与学生同时抄起纸笔，一同跳入作文练习之审题立意谋篇布局构思成文的河流中，一起扑通，一同面对，一样收获——这是实实在在的"躬行"啊。君可能不见（我是在他的微信朋友圈中偶得），翼新老师曾经在教学余光中《乡愁》之时，居然为这首脍炙人口的名篇佳作谱了曲。图片显示，在那张写在一页练习本纸的歌谱上，赫然注明"歌曲名——《乡愁》，词——余光中，曲——黄翼新"。据我所知，翼新老师虽博学多才，但似乎还不是以作曲著称。非作曲家而为名诗章作曲，理从何来？翼新老师也许有这样的思考：《乡愁》中深沉动人乃至让人动容的情感，歌而唱之，或许更能进入，更好体味；如果"下水"——我来个二度创作，如果"躬行"——我来谱曲，教者或许能体味得更为深切；学生于入情入境的唱和之中，方可"心有戚戚焉"。我以为，这次"躬行"，这种"下水"就是一种良好的教学态度：放下身架，合作学习，真实体验，教学相长。持这种教学态度的语文老师，专业成长不快也是不可能的。我还要说的是，这些"躬行""下水"之类做法，还是一种科学的语文教学方法和技巧。你于"躬行"中，能第一时间感受到自己设置的问题（如作文练习的题目、要求）是否得当，自己预定的教学目标是否能顺利达成，甚至还能完成某种自我救赎。聪明啊，翼新君！

在"躬行"之外，我还要谈一点"情怀"。读者诸君若阅读了文集中《妈妈，我想你了》《医院陪父亲》《祭本根兄》等篇章，作者是不是个"真性情"之人，你还会有疑问吗？若阅读了《我家的狗儿》《东山琐忆》等佳构，作者是不是热爱生命、懂得感恩的颇具人格魅力的人，相信你也会有答案。特别是你读完文集中"书画兼修，诗文遣兴"一组文章后，作者之文学文化国学的"底蕴"几何，你当有个大致的评估。说实话，我倒还不是特别佩服作为语文"名匠"的翼新老师，更钦佩的是情怀阔达内蕴深厚的堪称语文"名师"的翼新老师，他的那种对生活乃至生命的热爱，对真善美的执着追求，对传统文化的眷恋，尤为让我感佩；而且我认定，这，也许就是翼新之所以能把语文教好、能鹤立鸡群的根本原因。记得十多年前，我就知道翼新于语文教学之余，在修习国画，私下就为他高兴："文""艺"本是不分家的，文学赏析与艺术鉴赏也很有相通的规律，语文思维与艺术素养的结合是能产生美好的阅读教学课、优美的写作作文的，也是能提升语文教师品位、提高学生语文学习效率的，翼新这是走入了正途。后来，又不断地知道翼新还时有诗文创制，还在临习书法，甚至还脱职一段时间去北京拜师学艺了，就认为这是一种正确的选择，心里就更为翼新加油。因为我知道，甚至我敢肯定，这样有情怀高素养的翼新，还能如此积极地广泛涉猎、研修精进、丰厚底蕴、开阔眼界，其语文教学若不再升境界，恐怕也是不可能的。

说了这么多，不过是再现了自己思考"翼新老师为什么这么会教语文呢""语文人翼新的专业成长为什么比我等要迅捷呢"这两个问题的过程，也不知几句话说清了没有，读者诸君对我的分析判断以为然否。

赵 晖

2021 年 5 月

（赵晖，中学语文高级教师，湘潭市教育科学研究院中学语文教研员，湖南省中语会理事、副会长）

目录

下篇　书画兼修　诗文遣兴

上 篇

激疑导读　教学有方

第 1 辑　理论探索

激导模式的探索与实践

中小学教育要全面向素质教育转轨，关键在素质教育进课堂。当今，探索并大胆构建适合于课堂教学的模式，使符合素质教育宗旨的理论转变为可供教师具体操作的实践活动，这是摆在我们面前的一个非常紧迫的任务。

这些年来，很多教师和学者积极投身教学改革，不仅在教学理论的研讨上取得了可喜的成绩，更多的人在寻找教学理论与教学实践的契合点，针对自己在教学实践中发现的某种弊端展开课题研究，取得了令人瞩目的成绩，形成了自己的教学风格，促进了学生素质的发展。

我在十多年的语文教学实践中，积极探索，寻求教学理论与教学实践的最佳结合，几度彷徨，几度困惑，至今才现端倪。现就我在构建"激导"模式方面进行的探索与实践作个汇报，希望能得到领导、广大教师和专家学者的大力支持与指导，使之逐步完善，成为一种切实可行、能满足素质教育整体要求的教学模式。

一、构建"激导"模式的出发点

多年来的教学实践，使我感受到：中小学语文教学之所以发展得极不平衡，最大的问题就是缺少一种切实可行的教学模式。之所以说是缺少"切实可行"的教学模式，是说我们并不是没有一定的教学模式，只不过现在运用得最广的教学模式与素质教育的整体要求极大地不适应。现在各中小学，特别是农村中小学运用得最多的模式是"传递—接受"式，即"师传生受"，这种教学模式由于没有可供教师具体操作的程序，随着应试教育的愈演愈烈而暴露出许多的弊端，发展成为"课上由着老师灌，课下围着习题转"的畸形教学模式。

"师传生受"教学模式最大的缺陷在于它没有一套可供教师具体操作的程序。由于它没有就"师传"提供一个明确的执行程序，因此教学过程的随意性大，有的能设计得丝丝入扣，有的则照本宣科灌完了事；有的畅所欲言无拘无束，有的则"跟着感觉走"，讲到哪里算哪里。

"师传生受"教学模式与素质教育极大的不吻合在于学生完全处于被动接受地位。由于这种模式本身的缺陷，在社会需要高素质人才的今天，它越来越不适应素质教育的要求。学生本应是学习的主体，但"师传生受"式教学使学生的主体作用很难有发挥的空间。

"师传生受"式教学由于大多是课堂讲、课外练，致使教师难以及时掌握反馈信息，教学效果难以巩固。

"师传生受"式教学由于重在知识的传授，由知识的积累促成能力的提高，容易导致学生素质发展极不平衡。因为一个人的素质、能力并非单靠知识的积累可以达成的，"高分低能""书呆子"往往就是"灌输式"教学导致的恶果。

看到了这些弊端，于是就有了克服这种种弊端的探索，并且取得了可喜的成绩。但我在教学实践中发现，先行者们取得的一系列教研成果，很难在教学实践中简单的照搬运用，往往需要综合各家之长处，方可取得较满意的效果。于是我便开始了自己的探索与实践，近十年的探索与实践，真可谓"几多欢喜几多愁"。

针对传统教学中学生处于被动地位，我特别注重"启发式"教学的探索，力求使每一堂课不是简单的知识传授，努力培养学生的参与意识，探索启发学生思维的路径。当我看到学生因此对语文学习兴趣大增并取得一个个进步时，我发自内心的高兴。

针对传统教学及应试教育对学生素质的片面追求，我积极开展各种活动，登山、逛市、划船、野炊、搞调查、写报告、办报纸、排节目、练口才、开故事会、办书画竞赛等等，多方面发展学生素质，培养一技之长。看到学生们生龙活虎、多彩多姿，我打心眼里喜欢。

针对应试教育使学生负担苦不堪言，我坚持不给学生成批补课，不随意"侵占"他们的休息、活动时间，不布置繁复的作业，力求课堂达标。可由于整体教育的不配套，有时学生应试落后，我心里便非常困惑。

然而，我不懈努力，继续着我的探索历程，更多地运用教学理论来指导自己的实践活动，使自己的课堂教学基本形成了"一课一得，重在引导，突出学法"的风格。

我为自己取得的成绩而高兴，可当我想把自己的经验加以推广时，我发现了自己的不足，知道了只有不断创造革新，使之形成一种可供教师具体操作的教学模式，才更具指导意义与实用价值，使教师们能运用这种教学模式，达成在课堂教学中促进学生素质全面发展的目标。

学习许多先行者们取得的研究成果，我发现在自己的教学实践中都或多或少地能找到它们的影子，但又很难简单地归结到已经建立起来的哪一种模式之中。于是我进一步阅读教学理论，进一步总结自己的教学实践，现在，一种崭新的教学模式——"激导"式教学已现雏形。

二、"激导"模式的基本内涵

"激导"模式的基本程序是：设定目标—激起疑问—练习反馈—指导评价—巩固达标。

具体操作过程是：先根据教学大纲、教材内容设定课堂教学目标；再根据教学目标，抓住教学重点，把教学内容编拟成一个个问题，激起学生的疑问，从而主动参与；课堂教学中提出问题，由学生练习，教师及时掌握反馈信息；针对学生练习中反馈的信息，教师予以指导评价；必要时再进行巩固练习，力求当堂达标。

"目标是行动的方向。"任何一堂教学首先要有明确的教学目标，没有明确目标的教学势必是盲目的、随意的。"激导"式教学充分吸收"目标"教学之长，充分发挥"目标"的导向功能、激励功能、评价功能，使课堂教学自始至终围绕教学目标进行。教学目标的依据是教学大纲、教材内容。课时教学目标要具体，要确能实现，使之确能起到导向、激励、评价的作用。为此，"激导"式教学要求教师分课时备课。以前，大多数语文教师按课文备课，教学目标比较笼统，对每一课时具体要达成的目标不大明确，因此课堂教学中出现的随意性增加。分课时备课，预先设定每一堂课要达成的教学目标，既能达成整体目标的实现，更能促进课堂教学有序进行。

"思维从问题开始。"平常我们总是鼓励学生积极思考，不懂就问。可事实上，在学习过程中能够自己发现问题的中小学生少而又少。而这并不是因为他们已经懂了，往往是似懂非懂，往往是不想深入，这就需要教师激起他们的疑问。有疑问才会去思索，学习才会主动。"激起疑问"，贵在一个"激"字，它需要教师激发学生围绕教学目标而"疑"，它要求所提问题能起到激起学生思维的作用。这就要求我们提的问题有目标性、有启发性、有思考性、有趣味性。对问题的理解，我们应从素质教育的高度来思考，有的问题看似无疑，只要求学生动眼、动手、动口或动耳，但归根到底，动眼、动手、动口、动耳都能促进学生动脑，因此，凡是能够促使学生动脑的都是问题。"激起疑问"就是教师课前根据教学目标，把教学内容分成若干个"微格"，然后编拟成一个个问题，使教学过程紧紧围绕教学目标有序地进行。"激起疑问"同时要求教师激励学生发现疑问，以促成自学能力的提高。

"训练是教学的主线。"任何一种教学最终目的是促进学生能力的发展，而"练习"是能力发展的最佳途径。"功夫要上身，全靠苦练成"，可见"练习"对学习的重要性。正因为如此，各种教学模式都强调练，只不过练的时间、练的方式不同罢了。如"师传生受"式教学课上讲、课外练，这就不但达不到促成能力发展的目标，而且损害学生的身心健康，极不利于学生的成长。"激导"式教学也特别重视练，但它的追求是通过练习使教师及时掌握反馈信息，从而进行指导评价，最终达成教学目标的当堂实现。练习是促成学生思维的重要步骤，有疑问而不让学生在练中思考，激疑也就失去意义。对"练习"的理解，我们要注意的是，"练习"并不只有笔答这一形式，如朗读、讨论、竞赛、表演、猜想、实验、游戏、活动等无一不是练习的好形式。在课堂教学中进行多种多样的练习，正是促进学生主动学习，促进学生素质全面提高的重要保证。

"教师同样是课堂教学的主体。"对课堂教学中何者是主体的问题，经过了一段曲折的探索，由"教师主体"到"学生主体"到"教师主导，学生主体"，现在比较常见的提法是"教师主导，学生主体"。这种提法有许多人觉得不大好理解，因为"教"与"学"是同等重要的两个方面。教师在课堂教学中同样处于主体地位，他们既有分工又要合作，才能共同保证教学目标的实现。"激导"式教学把指导评价作为教学中的一个重要程序，就是要求教师们同样地发挥主体作用，对学生练习中出现的问题进行讲解，也可以借题发挥，由表及里地教授学习方法和完整的知识。"评价"特别注意的是以鼓励为主，对学生取得的成绩一定要肯定，若存在不足则鼓励他继续思考，以保护和激励学生所有的创造欲望和尝试，使学生感受到探索的喜悦和学习的乐趣，从而把无意注意转化为有意注意，增强学习的动机。

"巩固达标"既是一个程序也是一个要求。"激导"式教学把它作为最后一个环节，是因为"激导"式教学坚持以目标为中心，以达标为目的。"巩固达标"不要片面地理解为达标测试，如"指导评价"的过程，实际上就是一个"巩固达标"的过程，因此，并不是所有的知识点与能力点都应有一个专门的"巩固达标"过程，只有那些重点、难点以及普遍掌握较差的知识点与能力点，常常需要"趁热打铁"。此时，学生刚刚掌握某种知识和能力，心理上处于跃跃欲试的状态，这"趁热打铁"式的形成性测试，有利于课堂气氛的活跃，有利于学习积极性的发挥，有利于知识能力的巩固达标。

"设定目标—激起疑问—练习反馈—指导评价—巩固达标"形成一个完整的封闭程序。课堂教学往往是分"微格"进行操作，多个"微格"共同构成一个完整的教学过程。一堂课围绕着教学目标进行一个或多个循环，使课堂教学有序而不死板，课堂气氛活跃而不散漫，节奏鲜明，高潮迭起，从而获得最佳教学效果。

"激导"式教学的理论基本宗旨是以目标为中心，以教材为依据，以师生为主体，以激疑为起点，以练习为主线，以鼓励为方向，以达标为目的。

三、"激导"模式的理论依据

"激导"模式的理论基础是："目标导控理论""愤悱启发理论""反馈控制理论""需要理论""激励理论"。

（一）目标导控理论

实行目标教学的改革实验早已取得成功的经验，这是因为他们充分地利用了目标的导向功能、激励功能和评价功能，对教学实行目标管理，运用目标导控理论来作为"激导"模式的理论基础，就是要吸收目标教学之长为我所用。各种教学模式，大都强调了目标的重要性，然而大都又把它排斥在教学程序之外。"激导"模式不仅把"目标导控理论"作为它的理论基础，更为与众不同的是，它把"设定目标"作为教学中的第一个程序，以目标作为教学的中心。"激导"式教学强调每一堂课必须先根据大纲和教材制订出明确的目标，整堂课始终围绕着目标而激疑、而练习、而指导、而巩固，最后达到目标。

（二）愤悱启发理论

著名教育家孔子"不愤不启，不悱不发"的论述，成为启发式教学的理论基础。"激导"式教学正是吸取启发式教学之精华，注重把教学内容编拟成一个个问题，以"激起疑问"作为一轮教学的起点，通过练习达到"愤悱"的状态，然后启发（指导），先练后讲，先愤悱后启发，这样既能激发学习动机，又能创造因材施教的机会，同时能促进知识的巩固消化和能力的发展，使教学达到"导而弗牵、强而弗抑、开而弗达"的要求。

（三）反馈控制理论

教师和学生共同作为教学的主体，他们之间需要经常进行信息交流。教师通过学生的反馈及时进行指导和评价；学生则通过教师的评价来了解现状与目标的差距。反馈控制理论告诉我们：反馈必须即时，才能收到良好的效果。根据人脑记忆及遗忘的规律，信息的遗忘进程是开始快而后越来越慢的过程。因此，信息的反馈和评价越及时，信息的巩固就越强。"激导"式教学即强调"趁热打铁"，当堂练习反馈，当堂巩固达标，因此能取得满意的教学效果。

（四）需要理论

马克思主义认为：人都是为着一定的利益而行动。每一个学生在学习过程中同样有各种需要：遇到疑难问题渴望得到指导的需要；付出了劳动希望得到肯定的需要……"需要"产生"动机"，"动机"导致"行动"。只要我们能恰当地激起学生对知识、能力的需要，它就能转化为学习的动力。"激导"式教学中"激疑"与"指导评价"等程序都包含着对学习需要的满足，有助于激起学生学习的主动性。

（五）激励理论

著名的罗森塔尔效应告诉我们：人受到鼓舞后，会增强自信心，从而产生一种极大的积极力量和无形的力量。在教学过程中运用"激励理论"的关键在使学生增强自信心。"激导"式教学强调对学生的反馈信息，教师应及时予以指导评价，特别要注意评价的激励性。

我发现以上几种理论在与教学实践的结合中，具有非常重要的指导作用，它基本上构成了"激导"模式的理论基础。

四、"激导"模式的教学实例

"激导"模式是课堂教学的一种模式。在教学中的具体运用从前面对它的基本内涵的介绍中即可初知。现就我教《枣核》一课谈谈"激导"模式的具体操作。

（一）设定目标

根据大纲对初一学生的要求及教材内容，本课应达成的教学目标主要如下：（1）增加学生对社会生活的认识，体会文中人物强烈的民族感情，对学生进行爱国主义教育；（2）理解用朴实的语言表现人物深沉的感情的写法；（3）学习借助上下文推断词义。以上三个目标重点难点在第二个方面，这一堂课的教学就是围绕着设定的目标进行。

（二）激起疑问

"激疑"应当围绕教学目标而设。为了达成三个教学目标，我把课堂教学分成七个"微格"进行操作。每个"微格"既是为着实现总目标而进行的激疑，同时又是把大的目标分解成小目标的过程。每一个"微格"就是一个"目标—激疑—练习—指导—巩固"的小循环。如此一环接一环，一环套一环，教学中始终使学生能主动参与。一波未平，一波又起，一堂课里高潮迭起，达到实现三个目标的目的。

（三）练习反馈

可以说，"练习"贯穿于课堂教学的始终。教读《枣核》一文，练习方式多种多样，如"听朗读录音""改注音""圈点批注""讨论""猜想""答问""齐读""欣赏"等等，无一不是学生的练习活动。由于练习形式的多样，学生的素质得以多方面发展。反馈的信息通过教师巡视、指名回答、指导评价得以及时交流。

（四）指导评价

针对学生反馈的信息，课堂教学中采用多种方式进行指导。如对读音出现的错误及时纠正，这种指导是校正式的。如对"心上总像是缺点什么"不能说清楚，教师设置情境："亲人出门在外，日子过得很舒坦，但他隔段时间便往家里写信、打电话，这是为什么?"这种指导是启发式的。如学生找出表达思乡的方式之后，教师讲述："多朴实的行动，多深沉的感情，他把自己的后花园布置得家乡味十足，由此可见他对故乡思念之深沉。"这种指导是点拨式的。如结束语——"看月亮，思故乡"，这是台湾同胞盼望祖国统一、亲人团聚的真实写照。"水是故乡甜，月是故乡明。"改革开放的今天，海外华人纷纷投资国内，回报父老乡亲；面对特大洪水，他们更是慷慨解囊，无私援助。这一切只因为，对故土的依恋，是中华民族最为浓烈的情思。愿我们的心里永远系着自己的祖国，永远系着自己的故乡——这种指导是激情感染式的。总之，指导方式多种多样，一切根据反馈信息而定，为着实现教学目标而定。评价则自始至终注重鼓励，少批评，不轻易否定。

（五）巩固达标

《枣核》一课教读，既有为巩固某项目标而设置的专项练习，更多的则是通过指导评价予以实现。专设的达标练习如分析"劈头"一词的意思之后，归纳出"根据上下文推断词义"的方法，为了使学生掌握这一方法来推断词义，当即设置巩固练习：请根据上下文推断加点词"风烛残年"的意思。是否设置巩固达标练习需根据具体情况而定，如前所述，这里不再多讲。

五、"激导"模式的适用范围

"激导"模式首先是作为语文课堂教学的模式而构建的，但它同样适用于各类学科的教学。因为它的理论基础是教学理论的重要组成部分，它的"设定目标—激起疑问—练习反馈—指导评价—巩固达标"的程序实际上是各科教学应采用的一般程序，符合素质教育的整体要求。因此，"激导"模式同样适用于其他各类学科的课堂教学。

课堂教学中的素质教育的根本点在于激发学生学习的主动性，开发智力，发展思维，掌握知识，促进能力的培养。"激导"模式作为一种全新的课堂教学模式，对在课堂教学中实施素质教育必将起到良好的促进作用。我在这方面的探索将不断地深入和完善，也切盼这种教学模式能在推进素质教育的全面实施之中发挥重要作用。

（本文完成于 1997 年 9 月，在湘乡市"三优联评"教学竞赛中为赛课获一等奖立下功劳，后获该年度湘乡市论文评比一等奖，并在湘潭市论文评比中首次获得一等奖，第二年参加首届"语通杯"全国中学语文教师教研成果大赛获一等奖，此文为我教学研究的重要成果，为自己以后的教研工作奠定了坚实基础）

语文课堂教学"激导"式探究

笔者从事中学语文教学十多年，不断学习、不断实践、不断总结，终于构建成一种符合素质教育理论与中学语文教学实践的语文课堂教学模式——"激导"式教学。现就"激导"式教学的探究分述如下：

一、"激导"式教学的内涵

"激导"式教学的基本宗旨是以目标为中心，以教材为依据，以教师为主导，以学生为主体，以激疑为起点，以练习为主线，以鼓励为方向，以达标为目的，优化课堂教学程序，提高课堂教学效率，促进学生素质全面发展。

"激导"式教学的基本程序是：设定目标—激起疑问—练习反馈—指导评价—巩固达标。具体操作为：先根据教学大纲，教材内容设定课堂教学目标；再根据教学目标，抓住教学重点、难点、疑点，把教学内容编拟成一个个问题，激起学生的疑问，从而主动参与；课堂教学中提出问题，由学生练习，教师及时掌握反馈信息；针对学生反馈的信息，教师予以指导评价；必要时再进行巩固练习，力求当堂达标。

"激导"式教学的理论基础是："目标导控理论""愤悱启发理论""反馈控制理论""需要理论""激励理论"等。有关这些理论，我在《激导模式的探索与实践》一文中已作介绍，这里不再赘述。

二、"激导"式教学要注重激励性

"激导"式教学与传统教学模式最大的区别在于彻底摒弃"一言堂""满堂灌"，教师在课堂教学中起主导作用，而课堂教学的主体则是学生。一堂课如果没有学生的主动参与，其教学效果是可想而知的。因此，"激导"式教学要特别注重教学的激励性，激励学生发挥主体作用。

"激导"式教学中的"激励"可从以下几个方面着手：

（1）"目标"应有可行性

"激导"式教学的"设定目标"，应努力使目标具体化、单一化，使之通过课堂教与学，确能实现。正因为通过努力可以实现目标，才会激起学生努力学习。

（2）"激疑"应有启发性

激疑的目的在于促进学生主动学习，因此，教师应根据教学目标与教材内容，找准激疑点，提出富有启发性的问题，促进学生思考，从而促使学生主动学习，确保学生在课堂教学中的主体地位。

（3）"指导"应有必要性

教师的指导应做到当讲则讲，讲在关键处，讲在点子上，若不如此，则很容易又重蹈"满堂灌"的覆辙。只有学生在"练习"中仍然存在错误与不能解决的问题，才有指导的必要。这样，才能高效率地进行课堂教学，学生也才有可能自始至终保持注意力集中。

（4）"评价"应有鼓励性

"激导"式教学要特别注重对学生评价的鼓励性，即使是学生出现了某些缺点或错误，我们也应鼓励他们探索的精神。对学生的成功，我们更应该给予充分肯定，以保护其学习的积极性并进而增强学习的动机。

（5）"巩固练习"应有延伸性

课堂教学中的巩固练习，切不可进行一些简单重复的劳动，应努力使之既能巩固所学知识、能力，同时又能使之有更进一步的提高。这就要求对巩固练习进行科学设计，努力使知识与能力得到延伸，从而激发起新的学习兴趣。

三、"激导"式教学中应讲究"导"的艺术

"激导"式教学中教师的"导"主要体现在三个环节，即"导入新课""激起疑问"和"指导评价"。

1. "导入新课"中教师"导"的艺术

对"导入新课"这一环节，教师大都非常重视，其"导"的艺术也是异彩纷呈，我在此并不想多说。我只就"激导"式教学"导入新课"的特殊之处谈"导"的艺术。"激导"式教学的第一个程序是"设定目标"，因此，"激导"式教学的"导入新课"要求具有目标指向性。一开始学习即让学生明确课时教学目标，可以使学生很快进入角色，发挥其学习的主体作用。

2. "激起疑问"中教师"导"的艺术

"激起疑问"是课堂教学的起始环节，此时教师的"导"是否成功，关系着整堂课的目标能否实现，笔者认为，"在有意处着意，于无疑处激疑"是教师"导"的关键所在。

（1）在有意处着意

每篇文章的作者在写作时总有许多有意为文之处，教师若能引导学生在作者有意处着意，便能迅速抓住文章的要旨。如《社戏》一文，作者写那夜的戏并不好看，那夜的豆也同样是普通的罗汉豆，但结尾却说"再也没有吃到那夜似的好豆，也不再看到那夜似的好戏了"。教师抓住作者这一有意为文之处进行激疑，教学的难点就不难突破。再如《枣核》一文，作者开头设置的悬念即是一个很好的激疑点，教师要借疑激疑引导学生理解文章精巧的

构思。

（2）于无疑处激疑

"激起疑问"关键在一个"激"字。在作者有意处应特别着意，同时，许多看似无疑之处，更应当激起学生的疑问。如《枣核》一文，对枣核的用途，文中回答非常明确："试种一下。"这时，看似无疑了，若不在此时激起学生的疑问，学生就难以体味本课的精髓：朴实的叙述中蕴含深沉的感情。此时，一句"这位朋友索要枣核真的只是为了'试种一下'吗"就可以把学生导入更深一层的学习。

3."指导评价"中教师"导"的艺术

"激导"式教学的"指导评价"是在学生练习反馈之后进行。教师的"激疑"把学生导入了"愤悱"状态，通过练习，一部分由学生求得解答，还有一部分则仍处于"愤悱"状态，此时的指导便具有重要意义。针对学生练习中反馈的信息，教师的指导可以采用多种方式，主要有以下几种：

（1）校正式指导

校正式指导即对学生在"练习"过程中反馈的错误信息予以校正。这是最常用的一种指导方式，它可以及时纠正学生在"练习"过程中出现的错误。

（2）启发式指导

在教学中借助直观教具、电教媒体，或设置一种情境，或通过比较阅读，或引导想象，启发学生的思维，从而化难为易，如《看戏》一文中"歌词像珠子似的……落进每个人的心里"一段，借助影碟梅兰芳唱曲片断，学生便容易理解。又如《枣核》一文，学生对"心上总像是缺点什么"说不具体，若引导想象：亲人出门在外，日子过得很舒坦，但他隔段时间便往家里写信或打电话，这是为什么？学生便能很快体会这位美籍华人朋友的心理。

（3）激情感染式指导

入选课文大都情文并茂，教师应以丰富的激情来感染、熏陶学生，使之受到思想教育。如《枣核》一文，歌颂中华民族浓烈的思乡之情。笔者这样设计结尾语，放录音《月之故乡》后教师情绪激昂地陈述："看月亮，思故乡，这是台湾同胞盼望祖国统一、亲人团聚的真实写照，'水是故乡甜，月是故乡明'。改革开放的今天，海外华人纷纷投资国内，回报父老乡亲；面对特大洪水，他们更是慷慨解囊，无私援助。这一切只因为，对故土的依恋，是我们中华民族最为浓烈的情思。愿我们的心里永远系着自己的故乡！愿我们的心里永远系着自己的祖国！"这样的指导当是使学生难以忘怀的。

（4）点拨式指导

点拨主要有知识的归类、综合、深化等，重在引导学生由表象认识上升到理性认识，由知识转化为能力，由接受拓展到创新。点拨式指导是培养学生扩散思维的有效途径，是发展学生素质的重要方法。

"激导"式教学是一种符合素质教育要求的课堂教学模式，对这一模式的探索我们永不会止步，期待着您的关注哦！

（1999 年 5 月在全国中学语文教学法专业委员会年度论文评比中获二等奖，并入选 1999 年 12 月出版的《新世纪教师论文大典》。原文共有 5 个小标题，因第一、二个小标题的内容与作者前一篇文章第二、三个小标题的内容重复，故本书编者将其合并成一节，仅保留了原文的"纲"）

课堂教学中如何实施素质教育

素质教育的主渠道是课堂教学，那么，在课堂教学中如何实施素质教育呢？

素质教育的核心在两个方面：一是面向全体学生，二是促使学生全面提高自身素质。因此，教师应当在促使全体学生提高素质上下功夫。

首先，教师应当在课堂教学中面向全体学生。这主要体现在以下几个方面：

（1）备课应当备学生，针对不同层次提出不同的教学目标；

（2）课堂教学中的提问、操作应当面向全体学生；

（3）课堂巡视、指导应当遍及每一个角落，特别是不要冷落了那些学习有困难的学生。

总之，课堂教学中应当充分尊重学生的个性差异，重视因材施教，力求使全体学生都得到提高，特别是那些学有困难的学生。这样，才能在课堂教学中做到"面向全体学生"。

其次，教师在课堂教学中应特别重视全面提高学生的素质。在课堂教学中，教师不只是要向学生传授文化知识，更应当重视智力的开发、技能的培养、习惯的养成、个性的发展，应当重视德育、美育、心理健康教育的渗透，从而促进学生素质的全面提高。

第三，课堂教学中实施素质教育关键在于发挥学生的主体作用。任何一位教师都曾经有过为学生学习不主动而伤透脑筋的时候，其实，这往往是由于我们在教学中不注意角色定位，要知道，在教学中，教师只起着主导的作用，学习的主体则是学生。如果教师只是一味地"教"，而不注重"导"，那么，学生的主体作用就得不到发挥。

如何才能发挥主体作用，从而提高自身素质呢？以下四个方面当特别引起重视：

一、交给学生时间

在课堂教学中，许多教师往往担心自己有哪一点知识没有教给学生，因此课堂上滔滔不绝，甚至下课了还坚持"讲完"，这样的"满堂灌"，往往是教师讲干了口水，学生却听不进去，讲小话者有之，做小动作者有之，呼呼大睡者亦有之，又谈何主体作用的发挥？因此，教师在课堂上要尽可能多地把时间交给学生，精讲少演，讲要讲在点子上，讲要讲得有启发性，板书尽可能地精简，板书要有艺术性。汨罗等地的经验告诉我们，教师在课堂上一定要有 2/3 的时间（累积时间）让学生思考、练习、活动。学生有了时间，只要老师引导得法，又何愁其主动性不能得以发挥呢？

二、加大学生活动容量

交给学生时间，不是让学生"自由活动"，而是要充分发挥教师的主导作用，引导学生调动各种感官参与学习，从而发挥学生的主体作用。在课堂教学中，教师要引导学生动口、动手、动眼、动脑，使听、说、读、写、书、算、画、唱等多种技能都得到培养。只有加大活动容量，方可高效率地利用时间，提高学生各种素质。

三、激发学生兴趣

"兴趣是最好的老师。"只有对学习感兴趣的人才会在学习中发挥主动性，因此，课堂教学中，教师要较多地关注于调动每一个学生的学习兴趣。教师要做学生的朋友，要给学生多创造成功的机会，让他们经常体验成功的快乐，在学习中保持愉快的情感，从而自觉地参与学习活动。

四、教给学生方法

能否真正发挥学生在学习中的主体作用，关键还是在学生是否知道如何去学习。显而易见，即使学生有时间，又为他安排了活动，他本人也对活动感兴趣，但他根本不知道如何去活动，那么，最终导致的是兴趣丧失，作业完不成，时间也就浪费了。由此可见教给学生学习方法的重要性。在课堂教学中，教师应当针对教材特点和学生的实际，一堂课至少指导一种学习方法（或习惯）。掌握了学习方法，会学习的人必然会成为高素质的人才。

素质教育关键在课堂教学，课堂教学关键在教师。我们的教师在课堂教学中若能始终面向全体学生，积极引导学生发挥在学习中的主体作用，注意各种素质的培养，那么，我们的素质教育也就落到了实处。

第2辑 教学设计

高一新生入学谈话课

一、教学目标

（1）师生之间相互熟悉，达成一种和谐、愉快的教学氛围，为全期教与学奠定良好的基础。

（2）培养学生在生活中学习语文的意识，激励学生做生活的有心人。

（3）了解一些良好的学习习惯，使学习过程有序进行，从而提高学习效率。

二、教学方法

谈话法。

三、教学准备

PPT课件制作、小国画作品一幅。

四、教学内容及步骤

（一）唱歌导入，调动学生激情

师：追随着一代伟人毛泽东的足迹，大家来到了全国爱国主义教育基地、湖南省示范性普通高级中学——东山学校。同学们，你们是不是都在为自己的未来构建一个美丽的梦想呢？

下面就让我们以一首《我的未来不是梦》开始我们高中阶段的学习之路，开始我们的语文学习之路。好吗？

歌曲《我的未来不是梦》（原唱：梁雨生）

学生跟着多媒体齐唱。

（二）自我介绍，拉近师生距离

> 迈迈时运，穆穆良朝。袭我春服，薄言东郊。
>
> 山涤馀霭，宇暖微霄。有风自南，翼彼新苗。
>
> ——陶渊明《时运》（其一）

我，姓黄，名翼新。细心的人也许会发现，我的名字就是从陶渊明《时运》这首诗的"有风自南，翼彼新苗"这一句中取"翼新"二字而来。

我的教学口号是"有风自南，翼彼新苗；翼新教学，助你成功"，我衷心希望通过我的课堂教学能帮助大家学好语文，使每一位同学的语文素养和语文能力都能得到较大程度的提高，并形成初步的审美能力和探究能力，形成良好的思想道德素质和科学文化素质，从而为你们终身学习和个性发展奠定坚实的基础。

我的电话是：13407421262　QQ：398260475

希望我能成为大家学习上的好帮手、生活中的好朋友。

（三）了解学校，初识东山文化

"语文的外延与生活的外延是相等的。"这句话的意思是说，生活中处处是语文，学习语文首先应该关注生活。

现在大家已经走入全国爱国主义教育基地、省示范高中——东山学校，你有没有留心到学校很多很多的地方都可以学到语文呢？

让我们先走进古老的东山书院去采撷语文的几朵小浪花吧。

1. 看我们的校训

"公诚勤俭"

你知道，这四个字作为东山学校的校训，它有着怎样的含义吗？

"公"：此为立志。以"公"为校训之首，鼓励学生立大志。这个"公"字在当时涵"天下""国家"之意。范仲淹在《岳阳楼记》中就有"先天下之忧而忧，后天下之乐而乐"的名句。湘乡人中有远见卓识者曾国藩从带领湘军纵横十八行省的军事行动中总结出一条重要经验，那就是立大志才能成大事。只有胸怀天下，心装国家的学子，才可以天下为己任，匡时救世，不为井底之蛙。少年毛泽东求学于东山，给自己取名为"子任"，即以天下为己任，终成一代开国伟人就是很好的明证。

"诚"：为人之品。学校是培养人品的重要场所，做人的学习永远优先于文化知识的学习。诚是做人的准则。中国人讲诚，由来已久。古人关于诚之训比比皆是。东山学校以"诚"作为校训，反映出对"诚信"的追求是对每一位学子的要求，寄予着对我们每一位东山学子的殷切期望。

"勤"：为人之气。学生之勤，首在勤奋，无勤奋成不了学业，无勤奋成不了事业，无勤奋成不了人才。"书山有路勤为径"，在崎岖的山路上攀登知识的顶峰，必须脚踏实地。"勤能补拙"，即使你的基础比别人要差一点，只要你勤，你就能赶上和超越别人。

"俭"：为人之德，亦是学子之德。诸葛亮在《诫子书》中说："静以修身，俭以养德。"很多人家都以勤俭持家作为立家之本。中学生更应该养成"俭"的品德，"一粥一饭当思来之不易"，如果养成大手大脚的习惯，即使你的父母为你创下了较为殷实的家业，也会坐吃山空，更何况我们大多数同学来自农村，有的家里连给我们交学费都可能是一笔很重的负担。

"公诚勤俭"的校训，虽然制定于封建社会末期，但经半殖民地半封建社会，进入社会主义社会，三个不同的时代，历时100多年，至今仍在潜移默化地熏陶着东山学校的一届又一届学生。如果同学们能时刻以"公诚勤俭"四字来作为要求自己的标准，那你就必定会成为一名优秀的东山学子。

2. 再看看对联

公毕方将私治

师严然后道尊

——东山书院楹联

这一副对联就融入了东山学校的治学理念，站在这样的对联前，你不会去思索玩味其中深刻的含意吗？

3. 再来看看书院里的碑刻

东山书院记

《传》曰"深山大泽，实生龙蛇"，人杰地灵，理固然矣。湘乡治左有山曰东台。俯瞰清涟，形势盖屋（zhōuzhì），盖一邑之关键也。

岁壬辰，予权县事。十八里士绅有增建书院之议。予闻而韪之。适新抚刘襄勤捐廉为倡，而陈舫仙方伯、许绶琮封翁复会商城乡绅董，次第酿（jiù）赀，鸠工庀（pǐ）材、卜筑于兹山之麓。于是剔灌莽，疏泉源，辟町畦，施木石，经之营之，不数载而观厥成，额之曰："东山书院。"主讲有堂，游憩有所，斋房庖湢（bì），罔不备具。枕山而面野，环以大溪，缭以长垣，规制辽夐（xiòng），既朴既坚，洵哉藏修之精舍，未可以恒境测也。

壬寅冬，予复莅乡，始以礼币聘师，聚生徒肄业其中。先后十年间，鳌（xī）然美备，倘所谓有志竟成者，非耶？

予维今之天下，一学战之天下也。泰西诸国若农、若工、若商、若兵备，莫不有学，而于士尤详，用能实事求是，以称雄于五大洲。

我国家振兴文教，凡直省、府、厅、州、县，并设大小蒙养，各学堂所以培植人材者，意深远矣。湘乡书院，旧有东皋、涟滨，不足以容多士，故十三里有连璧之建，十六里有双峰之建，学者便之。迩者百度维新，上之立教者日宏，士之向学者日益众，东山之建，可不谓当务之急乎？予不敏，不能弦歌化导，嘉惠士林，窃幸邦人父老，兴贤育才，有加无已，愿更以一言勖之。

湘固山邑，多磊砢瑰琦之士，自季汉蒋安阳后，代有传人。国朝以来，若世孝易氏，烧车御史谢氏，皆有闻于时。道、咸之际，群丑跳梁，王壮武筹办团练，随曾、罗诸先正，手提义旅，奋起湖湘。都人士云合响应，共拯时艰，卒成中兴伟业，至今勒旂常，光俎豆者，踵相接也，于戏（xūxī）盛哉！

二三子涵濡雅化，而又浴桑梓之余晖，高山景行，意必有人焉。隐居求志，行义达道，上以副岩穴之旁求，下以泄山川之间气，吾知乡先哲不能专美于前矣。海疆多故，来轸方遒，内治外交，需才孔亟，请即以斯言为券焉。

——光绪丁酉岁湘乡知县陈吴萃谨识

你是否仔细地阅读过它呢？如果你仔细地读过，你就会对我们学校的校史、对前辈们为什么要兴办东山书院会有更深刻的了解，从而激发你为中华民族的振兴而勤奋读书的大志。

好好地读读学校那些内涵丰富、寄意深远的文字吧，它不仅能提高你的语文素养，更能为你学习做人提供宝贵的启示。

4. 校园处处皆语文

只要你留心，你就会看到更多的体现东山精神、蕴含做人哲理的文字：

东山涟水古井石桥钟灵毓秀英才辈出
领袖将军诗人学者激浊扬清浩气长存
——东山书院联

百十春秋开颖慧
万千桃李竞暄妍
——梦泽亭联

春雨溶溶润物无声花枝俏
晖云熠熠兴国有志学子骄
——春晖亭联

育湖湘桃李
植华夏栋梁
——东山书院楹联

读书以潜心为要
做人以立品为先
——原教学楼楹联

纸上得来终觉浅
心中悟出始知深
——原教学楼楹联

自信点燃理想
心态决定命运。
——"子任学苑"楹联

东山毓秀一代伟人自斯峰升起
涟水钟灵三湘才俊聚此地腾飞
——著名校友沈一之赠东山学校联

只要你细心地走过校园，你会发现，这里的每一草、每一木都在述说着一个故事，都在传递着一种精神，都在孕育着一个神话。

只要你用心关注生活，你就会发现，生活处处是学问，生活处处有语文。当你开始热爱语文的时候，你就会知道生活是多么的浪漫、多么的美妙；你就会发现生活有滋有味、其乐无穷。

（四）学习交流，适应高中语文

进入高中，有好多同学往往以数理化功课繁重作为借口，也有的同学以语文学习见效慢，不如多做几个数理化习题成绩提高得快作为借口，轻视或干脆放弃语文的学习，这是一件很不划算的事。这不是因为我是一名语文老师就谈语文学习的重要，而是由语文学科的性质所决定的，同时也是高考这根指挥棒所决定的。正因为学习语文非一朝一夕之功，所以我们更应该重视平日的学习与积累，只有这样，才会真正提高自己的语文素养，也才能真正轻松自如地应对语文考试。

我们这一届实施的是高中新课程标准，在语文的学习方面，将需要大家更多地发挥学习的自主性。下面，我想就高中语文学习当中应该注意的几个问题和大家谈谈。

1. 关于周记与读书笔记的写作问题

许多同学进入高中以后，就以功课繁重，没时间写日记，或日记是隐私，不可轻易给人看为借口，放弃日记的写作，这是放弃了一种好的语文学习习惯。作为老师，尊重同学们的隐私权，不再检查日记也是情理之中的事，但是，我们都知道，没有检查督促的作业基本上就是可做可不做的作业，因此，老师一旦放弃日记的检查，那实际上就是纵容大家放弃了写作日记的习惯，这可是一种罪过了。为了很好地解决这一矛盾，我们要求每个同学必须每周要写一篇周记，这是要列入学校检查的。

读书笔记的内容包括些什么呢？（1）摘录好词好句，摘抄精彩片断，摘抄报刊材料。（2）阅读教材推荐文学名著，摘录精彩文段。（3）阅读与课文篇目相关的文学名著，摘录精彩文段。（4）记录自己阅读文学名著时的收获和感想等。

2. 关于晨读与自习课的语文学习安排问题

每周二、四、六早读时间朗读和背诵课文。晨读时间抄写或默写。

自习课，按学校里的安排，星期五的晚上第一节晚自习做语文单元测试卷或基础训练，其他时间每天用大约半小时进行练笔的积累。课外每天半小时的名著阅读或自主性阅读训练。

3. 关于课堂学习的要求

课堂学习第一要求就是遵守课堂纪律，不准迟到，不准睡觉；第二就是要勤作笔记，笔记可以记在书上，也可以记在听课笔记本上；第三就是要积极开动脑筋，跟着老师进行思维训练。

4. 关于语文资料与工具书

学校不组织大家统一购买语文学习资料，但是，有些资料与工具书是每一个同学必备的。如：

《现代汉语词典》（必备）

《古汉语常用字字典》（必备）

《语文基础知识手册》（高中）（第十三次修订）

《唐诗鉴赏辞典》（或《中国历代诗歌名篇鉴赏辞典》）

《中国现当代散文鉴赏》

另外，可适当购买一至两本与教材同步的学习资料书，或订阅一至两种语文学习报纸杂志。

（五）作业

（1）每人写一份 300 字左右的自我介绍材料，要有一定的文学性或艺术性。

（2）准备好语文学习资料和笔记本。

《摆渡》导读设计

一、教学目标

（1）理解本文深刻的寓意，对"文学"、对"人生"形成自己的见解。

（2）学习抓住关键词、重点语句品析以理解课文的自读方法。

（3）理解文学创作的"摆渡"作用，多读好书，写有益于他人的作品。

二、教学重点

掌握抓住重点词句理解文章寓意的写法。

三、教学难点

对几个重点词句的理解。

四、教学方法

"激导式""点拨法"。

五、教学课时

1 课时。

六、教学内容及步骤

（一）了解寓言，导入新课

（1）问：上学期我们学过哪两篇寓言故事？（生答：《赫尔墨斯和雕像者》《蚊子和狮子》）

追问：那么，有谁能说说什么是寓言呢？

学生回答后明确：简短的故事中寄寓着深刻的道理。

（2）今天我们学习一篇现代寓言《摆渡》。在这一个故事中，作者寄寓了一个什么深刻的道理呢？（板书课题、作者）

（二）简介背景，明确目标

（1）教师讲述：这是当代著名作家高晓声创作的一个寓言故事，它的写作背景必须引起大家的注意，那就是本文不是一个单独的寓言故事，而是作者在出版自己的《七九小说集》时写的"前言"中讲的一个故事。我们知道，寓言故事的写作往往是一语双关、意在言外。这篇作为小说前言中的故事，自然也应该包含着一些作者对文学、人生的看法。在这一个寓言故事中，作者到底阐述了对文学、人生怎样的见解呢？你又是否会与作者产生同样的见解呢？这是我们这一堂课所要达到的目标。

（2）明确目标：出示灯片一，教学目标（略）。

（三）初读课文，整体感知

（1）出示灯片二，领读。

（2）学生轻声朗读，要求用"～～～"划出自己认为对理解寓言有关键性意义的字词句。

（四）跳读课文，理解寓意

（1）指名朗读1~3段。

（2）提问：摆渡人说"你们把自己最宝贵的东西分一点给我，我就摆渡"，请从文中找出这四个人"最宝贵的东西"分别是什么？

（3）指名学生回答后板书：

<blockquote>
有钱人   金钱

大力士   暴力

有权的   权势

作家   真情实意
</blockquote>

（4）提问：为什么摆渡人认为作家的这一声"叹"比"唱"的好听？

讨论后明确：

作家唱的是别人现成的东西，而他这一声"仰天长叹"却是在不能被摆渡的苦闷中发自内心的感叹。摆渡人认为在他的这一声长叹中，流露了一个作家最宝贵的东西——"真情实感"。

（5）分组讨论：你赞成摆渡人的观点吗？你是不是也认为"真情实感"是一个作家最宝贵的东西呢？

讨论后明确："作家没有真情实感，是应该无路可走的。"

（6）通过以上讨论，我们了解到作家是靠"真情实感"去打动读者，从而使读者对作家在作品中所诠释的人生观、价值观等产生认同。你们看看教材中哪一句话明确地写出了文学创作的作用？

（"创作同摆渡一样，目的都是把人摆渡到前面的彼岸去。"）

（7）讨论："彼岸"是什么意思？（河的对岸）作家要把人渡到前面的"彼岸"去，这个"彼岸"是不是河的对岸？（不是）这里的"彼岸"到底指什么呢？

边指名同学发表自己的见解，边指导。

指导要点：①"彼岸"的本意是佛教用语，指超脱生死的境界，后来多用来指代抽象化的、与世俗对立的精神世界。②摆渡人作为摆渡者，他的任务是把要过河的人摆渡到河的对岸，而作家作为精神财富的创造者，肩负着的是把人的灵魂引到健康、高尚、文明的彼岸去的责任。因此，这里的"彼岸"明显是超脱了世俗的精神的彼岸。

（五）深入讨论，提升认识

1. 你认为创作有这么大的作用吗？现实生活中还需要作家这样的"摆渡人"吗？

鼓励学生发表自己的见解，教师相机点拨。

点拨要点：

（1）优秀的文学作品，或以其形象的典型，或以其主题的深邃而流传、警世。不仅在当时对人们认识社会、理解生活、陶冶情操发挥积极影响，而且对未来人类思想成果的积淀、文化的发展，也能起到积极的作用。

（2）现实生活中，有许多充满着暴力、色情等低级趣味的书刊充斥市场，许多人由于读到这些作品而深受其害，因此我们需要大量的"摆渡人"为我们创造美好的精神食粮。

2. 比较一下本文中作家摆渡和摆渡人摆渡有什么不同？由此可见这个寓言故事中还蕴含着作者怎样的人生观、文学观？

鼓励学生发表自己的见解，教师相机点拨。

摆渡人不过是一个普通的民众，他容易受世俗的影响，金钱、暴力、权势和真情都能够对他产生影响，但作家摆渡，却能"不受惑于金钱"，"不屈从于权力"，"他以真情实意待渡客，并愿渡客以真情实意报之"，因此可见作者以"真情实意"作为人类交往原则的纯洁的人生观，这样的作家创作的文学作品又怎能不会成为人类美好的精神食粮呢？

（六）拓展延伸，熏陶情感

好的文学作品，是人类的精神食粮；低级庸俗的文学作品，会使人的心灵受到污染。你在读文学作品时，是不是有过这样的被"摆渡"的体验？

（视时间在课内或课外写作一篇"心得体会"）

（七）结束语

看似很简单的一个寓言故事，其中蕴含的道理却是如此精深博奥，寓言故事的力量由此可见一斑。愿我们的同学能在今后的人生中多读好书，用文学作品来陶冶自己美好的情操；更愿我们的同学能在今后的人生中，多将自己的真情实感化为文学作品，给人类提供美好的精神食粮。

板书设计：

摆　渡

高晓声

有钱人	金钱	
大力士	暴力	
有权的	权势	彼岸
作家	真情实意	

《胡同文化》简案

一、教学目标

（1）了解胡同文化的特点，掌握作者行文的脉络。

（2）初步培养学生对文化的感悟能力，提高学生的文化品位。

（3）引导学生关注生活中的文化现象，提高文化素养。

二、教学准备

（1）对湘乡地方文化现象做点研究，精选典型现象供学生探讨其文化内涵。

（2）制作多媒体课件。

三、教学内容及步骤

（一）激发情感，导入新课

（1）有一首歌是这样唱的："……"（略见课件）（有条件则播放 MTV）

（2）提问：听过这首歌吗，对歌词所唱的有何感受？

（3）这首歌唱出的是北京往昔的岁月，如今的北京城日新月异，大多数北京市民都已走出狭窄的胡同、拥挤的四合院，住进了高楼大厦。现存的胡同逐渐消失着、没落着。为着一种难以忘却的情感，出版社专门编辑了一本摄影艺术集——《胡同之没》，著名作家汪曾祺应邀为这一本摄影艺术集撰写了序言，这就是我们今天要学习的《胡同文化》这篇课文。

（二）速读课文，理清结构

（1）快速阅读课文，划出每一段的中心句。

（2）指名读出每一段的中心句。

（3）提问：作者是如何围绕"胡同之没"来写作序言的？

板书结构：

（1）胡同的特点；

（2）胡同文化的特征；

（3）胡同及胡同文化在时代大潮中的衰落。

（三）细读讨论，体会情感

1. 北京的胡同有些什么特点？

指名学生回答，结合多媒体展示。

2. 第五段在文中起什么作用？

明确：承上启下。"胡同、四合院，是北京市民的居住方式，也是北京市民的文化形态"引出"胡同文化是北京文化的重要组成部分"，从而引出对"胡同文化"的探究。

3. "胡同文化"的内涵是什么？

结合多媒体课件引导学生明确。

4. 在对北京胡同文化的描写中，哪一句话比较集中鲜明地表明了作者的情感态度？

明确："睡不着，别烦躁，别起急，眯着。北京人，真有你的！"

追问：这一句表现了作者对北京胡同文化怎样的情感态度？

明确：既有佩服也有嘲讽。

5. "忍"，安分守己，逆来顺受，作为一种传统心理定势和道德规范，在今天，我们应该怎么看待？

（注意引导学生言之成理，引导学生正确对待"忍"）

6. 对胡同和胡同文化的衰败、没落，作者是怎样一种感情？

齐读课文 13～15 节。

（1）"西风残照，衰草离披，满目荒凉，毫无生气"，这些描写中透露着作者怎样的情感？

（对胡同衰败的景象，作者满怀怀旧、感伤，却又无可奈何）

（2）"再见吧，胡同"一句可不可以改为"再见吧，胡同文化"或者在结尾加上一句"再见吧，胡同文化"？

讨论后明确：

不可以。随着改革开放的进程，不适应时代发展要求的胡同必将被新的高楼大厦所替代。胡同消失了，失去根基的胡同文化也必将没落，但文化的没落不同于物质的消失，胡同文化会转移、分解、传承到新的载体上。在迈向现代文明的旅程中，既会创造出新的文化，同时，旧的优秀的传统文化也必将继承下来。因此，胡同虽消失了，胡同文化却并不会全部消亡。

（四）拓展迁移，深入探究

通过深入探究，了解胡同文化的内涵，引导学生关注文化现象。

探究一：

北京人爱瞧热闹，但不爱管闲事。"睡不着，别烦躁，别起急，眯着。"我们湘乡人也爱瞧热闹，常于热闹处听到起哄："打喽！""走喽，去找他的麻烦喽！"这从一个侧面折射了湘乡人怎样的个性？这对湘乡的治安状况、经济发展将带来什么影响？

（学生自由发表看法，适时点拨引导）

探究二：

近来，湘乡城里歌厅茶楼等如雨后春笋般一家接一家兴起，这一现象中折射出来的是一种怎样的文化？联系湘乡经济的发展，你对这一种文化现象有怎样的评说？

（学生自由发表看法，适时点拨引导）

（五）总结归纳，激励升华

《胡同文化》是一篇序言，但又不同于一般的评点或介绍类书序。它实质上是一篇匠心独运、充分显示作者个性风格的小品文。

作者在文中将普普通通的胡同，从来源到起名分类，和其中凝聚浸透着的、独有的胡同文化自然融合起来，使我们对北京的胡同文化和那世世代代居住在这里的北京人的文化心态有了生动、深刻的了解。从中也窥探到作者对胡同文化怀旧伤感的思绪。更为重要的是，我们通过对本文的学习，更深一层地了解到我们的一言一行无不浸染着文化的色彩，衷心希望我们每一位同学能从自己的一言一行注意起，提高自身文化素养，做个有文化的合格公民。

《寡人之于国也》教学设计

一、教学目标

（1）背诵课文，熟练解读句意。
（2）学习了解孟子的仁政思想。

二、教学模式

"激导"式教学模式。

三、教学内容与步骤

（一）讲述故事，导入新课

师：同学们，谁能给大家说说"五十步笑百步"的成语故事？

学生活动：请一个同学把这个故事讲给大家听听。（学生讲述故事，其余学生补充）

师：那大家知道这个典故出自哪部典籍吗？（《孟子·梁惠王上》）对，这就是我们今天要学习的这一篇课文——节选自《孟子·梁惠王上》的《寡人之于国也》。

（二）熟悉故事，背诵课文

请一位同学背诵课文中"五十步笑百步"这个故事的相关段落。

学生活动：齐声背诵课文前四段。

（三）激起疑问，研读课文

师：根据课文前四段我们知道，"五十步笑百步"的故事，是孟子用来回答梁惠王心中疑问的，那么请问，孟子在这里讲述这个故事，有没有回答梁惠王心中的疑问？（回答了）又是怎么回答的呢？（王如知此，则无望民之多于邻国矣）

翻译"王如知此，则无望民之多于邻国矣"。（大王您如果懂得这个道理，那就不要指望您的百姓会比邻国多了）

师："这个道理"是怎样的道理？（不可，直不百步耳，是亦走也）（不可以五十步笑百步，因为逃跑五十步的那个人只不过是没有跑一百步那么远罢了，但一样的也是逃跑啊）

追问：为什么呢？且让我们先来看看梁惠王心中的疑问是什么吧。

梁惠王心中的疑问：邻国之政，无如寡人之用心者（因）。邻国之民不加少，寡人之民不加多，何也？（果）

师：让我们再来看看梁惠王尽心治国的措施是怎样的吧。（河内凶，则移其民于河东，移其粟于河内；河东凶亦然）大家说说，梁惠王这样的治国之政和梁惠王所说的邻国之政本质上会有区别吗？（没有。本质上都是"虐民暴政"）

师：是啊，表面上看，梁惠王在治理自己的国政上确实"尽心焉耳矣"，然而，我们通过分析知道，这种所谓的"尽心"，本质上不过是将老百姓折腾来折腾去的虐民政策而已，哪里算得上是为老百姓着想呢？因此，孟子正告梁惠王："王如知此，则无望民之多于邻国矣。"大家说，这五十步笑百步的故事是不是十分形象地指出了梁惠王的疑问的可笑之处？

学生活动：齐声背诵前四段。

师：孟子既然说梁惠王的治国之政与邻国之政并无本质的区别，因此不要指望自己的百姓会比邻国多，那么，孟子有没有好的治国理政方案，来达成梁惠王"使民加多"的心愿？（有）什么方案？（实行王道）

学生活动：齐声背诵课文第五、六段。

师：孟子从哪两个方面来论述他的"王道"主张的？（王道之始、王道之成）实行王道，这就是孟子最基本的仁政主张。孟子是孔子之后儒家学说的强力推行者，他周游列国，游说诸侯，希望能够有人采纳他的仁政主张。让我们来好好地认识孟子仁政的基本主张吧。

问：孟子认为，"王道之始"的标准是什么？（使民养生丧死无憾）（让老百姓供养生者安葬死者没有什么不满意的）

问：怎样才能做到"王道之始"？（不违农时，谷不可胜食也；数罟不入洿池，鱼鳖不可胜食也；斧斤以时入山林，材木不可胜用也）

问：那又怎样才能做到"王道之成"呢？（五亩之宅，树之以桑，五十者可以衣帛矣；鸡豚狗彘之畜，无失其时，七十者可以食肉矣；百亩之田，勿夺其时，数口之家，可以无饥矣；谨庠序之教，申之以孝悌之义，颁白者不负戴于道路矣）

学生活动：背诵竞赛（女同学背诵"王道之始"的内容，男同学背诵"王道之成"的内容，看哪一组背诵得更流畅）

（四）探讨交流，深入课文

孟子向梁惠王提出的实行王道的仁政主张和梁惠王的"移民政策"相比，是不是更能获得民心，从而达成梁惠王"使民加多"的心愿？（是）既然这是一个更好的治国理政的措施，那大家讨论讨论，你们觉得梁惠王会不会接受孟子的仁政主张？

学生活动：讨论交流。指名一二人汇报交流心得。

师：梁惠王应该不会接受孟子的仁政主张。从课文中这样几处地方可以找到依据。

"寡人之于国也，尽心焉耳矣"，焉、耳、矣三个句末语气助词的重叠使用，加重语气，写出了梁惠王自矜自满之情，这样的君王是不会轻易接受别人的好的意见的。

"王好战"可以看出，梁惠王使民加多的心愿源自于他好战的本心，一个好战的君王，他的本性是自私的，很难以民为本，使民休养生息。因此，孟子的主张显然不符合梁惠王的心意，可以想象，他肯定是不会接受的。

"王无罪岁，斯天下之民至焉"这一句更可以让我们想到，梁惠王这个人是一个喜欢把自己的错误归罪于荒年这类客观原因，而不会从自身去寻找原因的人，要这样的人来接受仁政的主张，显然是不现实的。

儒家的仁政思想最终被历史证明是正确的，也成为历代帝王治国的基本思想。这一思想在今天仍有重要的价值，当今社会，儒家的仁政思想已深入执政理念之中，并被不断地赋予了新的内涵。有兴趣的同学可以通读《孟子·梁惠王上》哦。

（五）布置作业，巩固效果

默写全文，思考孟子散文说理的艺术。

教学后记：

这是高一年级备课组一堂一期一次的教学研讨公开课，按照进度，刚好上到了第三单元，于是，我选择了第三单元的第一课《寡人之于国也》来作为研讨课。在教学设计上，我采用自己二十多年前构建的"激导模式"来设计这堂公开课，进一步推广这一高效课堂教学模式。

"激导模式"的基本程序是：设定目标—激起疑问—练习反馈—指导评

价—巩固达标。首先，我所任教的班级学生学习比较主动，还没有教之前，科代表已组织课文的朗读背诵，不少的同学还能全部默写，因此，我摒弃了普通的教法，设计了这个针对性、实用性很强的教案。

在课堂教学目标的设立上，我把这样两个目标作为本堂课必须达成的教学目标：(1) 背诵课文，熟练解读句意；(2) 学习了解孟子的仁政思想。在课堂教学环节的设立上，我设置了这样几个教学环节：讲述故事，导入新课；熟悉故事，背诵课文；激起疑问，研读课文；探讨交流，深入课文；布置作业，巩固效果。几个环节围绕教学目标的实现，环环相扣，一步步引导学生达成本课时的教学目标。

在教学过程中，始终通过"激疑"来引导学生在读课文的基础上深入思考，充分发挥教师的主导作用；同时，又始终把学习的主动权还归学生，学生活动丰富，发言积极踊跃，形成了良好的课堂研读氛围。作为文言文教学，我始终把"语言的构建和运用"作为课堂教学的一个重要任务，但又把它和"思维的发展与提升"密切结合起来，不进行孤立的字词知识教学，而是把这些有机地穿插在整个教学过程之中。如重点语句的翻译："王如知此，则无望民之多于邻国矣"，"不可，直不百步耳，是亦走也"，"使民养生丧死无憾"，"然而不王者，未之有也"，等等，做到字字落实，不以注释代替翻译，养成良好的文言翻译习惯。如重点词语"如""无""直""走""养生丧死""数罟"……无一不是在涉及相关语句时即予以落实。

课堂教学另一个重要目标是"学习了解孟子的仁政思想"，这是对核心素养"文化的传承与理解"的很好落实。孟子的仁政思想非常丰富，这是首先要在学生头脑里建立起来的一个概念，让学生知道，"实行王道"只是孟子仁政思想的一个方面，同时，适时的引入当今"仁政思想"已作为执政理念深入我们党和政府的执政行为中，这样，让学生更好地理解孟子仁政思想的时代价值，从而加深对孟子仁政思想的理解。

在课堂教学中，我特别注重倾听学生的讨论、交流与发言，坚持以鼓励为主，同时，绝不只停留在鼓励的层面而不加以引导，所以，学生的学习积极性能得以保护，课堂气氛始终活泼而又严肃。

值得一提的是，课前五分钟说话，这是一个与课堂教学并不好衔接的问题，我们年级组大多老师都坚持了课前说话训练，但个别老师可能不是很重视把课前说话与课堂教学有机地结合起来，把它们分割成了两个不相干的环节，这是我在教学中始终注意避免的。这一堂课，课前说话内容是《论语》

中"朋友"相关内容的一个演讲，在学生演讲完毕之后，我借着纠正错误读音"有朋自远方来，不亦乐乎"这一句，顺势说到梁惠王来了一位远方的客人，"叟，不远千里而来，亦将有以利吾国乎"，引出"五十步笑百步"的故事，从而很好地实现了教学过程的衔接。我认为，这一小小的教学设计改变，体现出来的是教师的教学智慧。这一堂课只是《寡人之于国也》的第一课时，第二课时的重点则是通过课文的教学，在"审美与创造"这一方面来培养学生的语文核心素养，因此，我设计了这样一个课后作业：默写全文，思考孟子散文说理的艺术。

这一堂公开课自我感觉良好，希望能为全年级同仁特别是年轻教师们提供一个示范，更好地构建高效课堂，共同打造出一支高素质的语文教师队伍。

另：本课时PPT制作完全原创，与教案配套，这是我们许多教师所不重视或做得不够的。希望老师们能在课件制作上提升动手能力，每个学期至少坚持做两到三个原创课件，这样，我们教师的综合素养会得到更快的提升。

《登岳阳楼》教学设计

一、三维目标

（1）背诵本诗。

（2）学习如何通过对古典诗歌中意象的把握来体会和品味诗歌的意境美。

（3）通过学习了解杜甫诗歌的意境和创作风格，进一步探究中国古典诗歌的不同风格。

（4）学会通过反复诵读、联想、想象去置身诗境，通过意象联缀、补充联想、炼字炼句来缘景明情。

二、重点

通过学习本诗了解鉴赏古典诗歌要置身诗境，缘景明情。

三、难点

"坼""浮"字妙处的理解。

四、教学内容及步骤

（一）复习导入

在必修三这一册教材中，我们学习过杜甫的《登高》一诗，大家还能背下来吗？（学生齐背）对，背得很好。哪一位同学能不能说说看，这首诗选用了哪些意象，营造了怎样的意境，抒发了作者怎样的感情？

意象：急风、高天、哀猿、清渚、白沙、归鸟、落木、长江。

意境：沉郁悲凉（萧瑟凄凉），雄浑开阔。

情感：长年漂泊，老病孤愁，时世艰难，忧国伤时。

今天我们运用"置身诗境，缘景明情"的方法来学习他的另一首诗——《登岳阳楼》，看看这首诗又选用了哪些意象，营造了怎样的意境，抒发了作者什么情感？

（二）朗读背诵

（先教师范背，再学生个人朗读，集体齐读，试背）

登岳阳楼

杜 甫

昔闻洞庭水，今上岳阳楼。

吴楚东南坼，乾坤日月浮。

亲朋无一字，老病有孤舟。

戎马关山北，凭轩涕泗流。

（三）赏析指导

1. 知人论世

唐代宗大历三年（768 年）冬，杜甫由公安一路又漂泊到岳阳，此诗是诗人登上神往已久的岳阳楼而望故乡，触景感怀之作。时年五十七岁，距生命的终结仅有两年，患肺病及风痹症，左臂偏枯，右耳已聋，靠饮药维持生命。面对烟波浩渺、壮阔无垠的洞庭湖，诗人会有怎样的感情呢？

2. 初知意象

这首诗用到了哪些意象？这些意象分别带给你怎样的感受？

洞庭水、岳阳楼——辽阔雄伟

吴楚、乾坤日月——开阔博大

孤舟　　　　　——孤单漂泊

3. 置身诗境

过渡：有的诗歌意象常见，且通篇基调一致，这样的意象所构成的意境和表达的情感相对容易把握，可是杜甫的《登岳阳楼》，用到的是比较少见的意象，而且这些意象之间，具有较大的跳跃性，尤其是从开阔博大的"吴楚、乾坤日月"一下子跳到狭小的"孤舟"。怎么理解呢？这就要求我们在欣赏诗歌的过程中，借助联想和想象，将作者所描绘的意象和画面——再现到自己的脑海中，使整个心灵沉浸在一个想象的世界之中，得到审美享受。这就是置身诗境的方法。现在就让我们借助联想和想象，看能不能用自己的话将诗人所描绘的意象和画面描述出来？

参考：早就听闻洞庭湖水的波澜壮阔，今天有幸登上了岳阳楼来一睹洞庭湖的雄姿。只见吴楚两地被广阔浩瀚的湖水一分为二，分布于东南两边，苍茫无际的湖面上，波浪一浪掀过一浪，向天边汹涌而去，大地长天、日月星辰日日夜夜在湖里浮荡着，景象壮美极了！回头想一想自己，亲朋故旧竟无一字寄给漂泊江湖的我，衰老多病的我呀，生活在一只小小的舟船上。透过这浩渺无边的洞庭湖，遥望关山以北，那里仍然是兵荒马乱、战火纷飞，一想到这，靠在窗轩之上的我不禁涕泪交流。

4. 缘景明情

（1）从首联"昔闻洞庭水，今上岳阳楼"一句，你感受到作者登楼的感情怎样呢？

写早闻洞庭盛名，然而到暮年才实现目睹名湖的愿望，表面看有初登岳阳楼之喜悦，其实此时的诗人，经历了岁月的沧桑，面对山河破碎的祖国，自己壮志未酬，国家前途渺茫，可谓百感交集。

这种情感是怎么表现的呢？

虚实交错，今昔对照。用"昔闻"为"今上"蓄势，为描写洞庭湖酝酿气氛。

（2）"吴楚东南坼，乾坤日月浮。"让你联想到了谁的诗句？由此感受到了怎样的意境？

"日月之行，若出其中；星汉灿烂，若出其里。"（曹操《观沧海》）（比较：曹操的诗句通过写沧海吞吐日月，写出了自己博大的胸襟。杜甫此诗也有异曲同工之妙，让我们感受到了洞庭湖的浩瀚无边、吞吐日月，同样壮阔）（意境：博大壮阔）

比较一下："吴楚东南坼，乾坤日月浮"与孟浩然的"气蒸云梦泽，波撼岳阳城"比较，各有怎样的妙处？

明确：孟浩然的诗句写出了洞庭湖的丰厚蓄积、澎湃动荡，极为有力，不仅写出其广大浩渺，还充满了活力。杜甫这一句诗的气象则更为阔大，其气度胸襟可说是"雄跨古今"。

这两句中表现力最强的词语分别是哪个？（坼、浮）你能说说这两个词的妙处吗？（可与"列""映"比较）

"坼"字，诗人下得有力，仿佛洞庭湖万顷波涛、千层巨浪，把吴、楚两地的广袤区域冲开、分裂，显示出洞庭湖的磅礴气势。而"浮"字，具有十分鲜明的动态感，在诗人的笔下，洞庭湖几乎包容了整个天地万物，并且主宰着它们的沉浮，日月星辰都随着湖水的波动而漂荡起落，一派雄浑壮阔的图景展现在读者眼前。

这两句写景，有没有表现作者的情感？（对洞庭湖的礼赞，对个人身世飘零的感叹，对国家命运的担忧）

（3）"亲朋无一字，老病有孤舟"一句，抒发了作者怎样的情感？

写政治生活坎坷，漂泊天涯，怀才不遇的心情。"亲朋无一字"，得不到精神和物质方面的任何援助；"老病有孤舟"，从大历三年正月自夔州携带妻儿，乘舟出峡以来，既"老"且"病"，飘流湖湘，以舟为家，前途茫茫，何处安身，面对洞庭湖的汪洋浩渺，更加重了身世的孤危感。

（4）面对浩渺的洞庭湖，诗人只是感叹自己的身世吗？（不是）从哪句可以看出？（戎马关山北，凭轩涕泗流）如果说，前三联是句句写景、句句含情的话，那么这一联则是直接抒情。此时的杜甫不只是感叹自己穷愁潦倒、漂泊无依的身世，更为正处在战火中的祖国"涕泗"横流啊！

儒家说："达则兼济天下，穷则独善其身。"此时的杜甫呢？他是"穷也胸怀天下，胸怀百姓"啊！他这种忧国忧民的情怀，你们还从他的哪些诗句感受到了呢？"安得广厦千万间，大庇（bì）天下寒士俱欢颜，风雨不动安如山。呜呼！何时眼前突兀见（xiàn）此屋，吾庐独破受冻死亦足！"（杜甫《茅屋为秋风所破歌》）"国破山河在，城春草木深。感时花溅泪，恨别鸟惊心。"（杜甫《春望》）"花近高楼伤客心，万方多难此登临。"（杜甫《登楼》）……让我们带着这种感情，齐声背诵《登岳阳楼》吧。

从意象、意境、情感上总结全诗

①意象：洞庭水、岳阳楼、吴楚、乾坤日月、孤舟。

②意境：沉雄悲壮、博大深远。

③情感：身世之悲、家国之忧。

（四）自主赏析

通过《登岳阳楼》的赏析，我们又一次学习运用了诗歌鉴赏方法——置身诗境，缘景明情。下面请运用这种方法自主赏析李白的《与夏十二登岳阳楼》，完成后面的几个题目。

与夏十二登岳阳楼

李　白

楼观岳阳尽，川迥洞庭开。

雁引愁心去，山衔好月来。

云间连下榻，天上接行杯。

醉后凉风起，吹人舞袖回。

【背景点击】开元二年（759 年），李白流放途中遇赦，回舟江陵，南游岳阳而作此诗。夏十二，李白朋友，排行十二。李白登岳阳楼时，留下了这首脍炙人口的篇章，使岳阳楼更添一层迷人的色彩。

（1）颔联中的"雁引愁心去"一句，有的版本写作"雁别秋江去"。你认为哪一句更妙，为什么？

（2）对第三联"云间连下榻，天上接行杯"所运用的艺术表现手法做简要分析。

（3）诗人笔下的岳阳楼最突出的特点是什么？抒发了诗人的什么情感？

（4）前人评诗时常用"诗眼"的说法。你认为本诗第二联的两句中，"诗眼"分别是哪个字？为什么？请结合全诗简要赏析。

参考答案：

（1）"雁引愁心去"运用了拟人手法，写出了李白流放遇赦的高兴心情。这一句写大雁有意为诗人带走愁心，下句写君山有情为诗人衔来好月，愁去喜来，互相映衬。"引愁心"比"别秋江"更富有感情色彩，且更新颖。

（2）第三联运用夸张手法写出了岳阳楼高耸入云的情状，同时这两句诗想象神奇，在云间连榻，在天上"行杯"，写出了诗人恍若置身仙境的情景。

（3）诗人笔下的岳阳楼最突出的特点是"高"。情感是欢乐喜悦，超脱豁达。

（4）"诗眼"分别是"引""衔"。"引"形象地写出了大雁懂得人情，把愁心带走的情境；"衔"形象地写出了山懂得人的心意，把好月送来，与诗人共享欢乐的情境。

（五）布置作业

运用置身诗境、缘景明情的方法自学并背诵默写杜甫的《阁夜》《旅夜书怀》。

（六）结束语

诗歌鉴赏中最重要的莫过于通过对意象的把握，发挥想象，体会和品味诗歌特有的意境美，从而准确把握诗歌所表达的情感。这一堂课，我们进一步熟悉了赏析诗歌的重要方法——置身诗境，缘景明情。只要同学们在学习中国古典诗歌时，重视反复诵读，置身诗境，将作者所描绘的意象和画面——再现到自己的脑海中，体会诗歌所再现的意境，并抓住最富有表现力的词语来进行赏析，我相信，同学们一定能陶醉在中国古典诗歌所带给我们的审美享受之中。

备课札记：

上好一堂赛课，不容易。这是在试教之后作全新修改的教案，应该说，试教过程中存在的一些教学设计方面的问题得到了较为满意的解决。

回想自己参赛的历程和历次赛课所做的努力，我很高兴自己一直有这么一种执著的精神：要做就要做得最好。以前的第一是拿了不少，这次呢，我相信，第一同样非我莫属。不是说，"老将出马，一个顶俩"吗？呵呵。自信来源于充足的准备，望着这个教案，我可以自信地走进赛场了。

具体到教学设计，我想记下以下一些内容：

一是选修课教材的处理。我觉得，选修课的学习一定与必修课的学习有区别，而且，这区别应该就在选修课要更重视方法的传授与规律的把握。这一堂课是学习杜甫的《登岳阳楼》，但我一开始就是把它当做一个例子，一个学习运用"置身诗境，缘景明情"的方法鉴赏诗歌的例子。在第一次备课过程中，我也是努力这样去做的，但试教以后，发觉这一重点并未能突出。于是，再作这一次大的修改。原教案的几个环节为"导入—朗读背诵—背景介绍—探究学习—自主赏析—比较赏析—课堂小结—布置作业"，从这几个环节中感受不到"置身诗境，缘景明情"方法的传授。修改后的环节为"复习导入—朗读背诵—赏析指导（知人论世—初知意象—置身诗境—缘景明情）—自主赏析—布置作业—结束语"，这样，如何"把握意象"，如何"置身诗境"，如何"缘景明情"，相对就更明晰了。虽然，这种教法不一定就是最佳的教法，但作为选修课教学的探索，我觉得我的这一变革是值得同仁借鉴的。

二是教学设计中的问题设计和过渡性语言的设计。我觉得，一堂精彩的课，应该是能给人一种艺术享受的。要达到这一境界，就必须做到课堂教学中无废话。而这一功夫，是需要在教学设计过程中有意识地练就的，那就是尽量考虑到课堂教学的方方面面，既备教材，备教法，更要备学生，备学法，这样，作为教师就得事先考虑好每一个环节如何过渡，每一个问题如何设计才会具有启发性，才会让学生较快地进入学习的"愤悱"状态。

《记梁任公先生的一次演讲》教学设计

一、教学目标

（一）知识与技能

了解文学常识（梁实秋和梁启超），识记字词。引导学生学习叙事中表现人物的方法，分析人物形象，品味语言。引导学生运用加旁批的方法，学习在记叙中加入自己的评论和感受。

（二）过程与方法

引导学生运用加旁批的方法，学习叙事中表现人物的方法，分析人物形象，全面了解人物的人格魅力，以此来突破学习的重点。运用朗读法、赏析法、讨论法等，学习多种多样的描写人物的方法，品味文章的语言，以此来突破学习的难点。

（三）情感态度与价值观

了解梁启超先生的事迹，学习他的人格魅力。

二、教学重点

学习梁启超先生的人格魅力及文章精彩的描写。

三、教学难点

学习记叙中加入作者自己的评论和感受的写法以及文章语言的品味。

四、教学内容与步骤

（一）调动积累，话说梁公

1. 多媒体播放《恰同学少年》（mp3）

师：同学们，熟悉这首歌吗？（熟悉）对，电视剧《恰同学少年》主题歌，看了这部电视剧，大家一定对一个镜头难以忘怀，那就是毛泽东和他的同学一起齐声朗诵梁启超先生的《少年中国说》，是吗？现在，让我们也一齐在这音乐声中，齐声朗诵《少年中国说》的一个片段，好吗？

在《恰同学少年》背景音乐声中，学生齐读梁启超《少年中国说》选段：

使举国之少年而果为少年也，则吾中国为未来之国，其进步未可量也；使举国之少年而亦为老大也，则吾中国为过去之国，其澌（sī）亡可翘足而待也。故今日之责任，不在他人，而全在我少年。少年智则国智，少年富则国富，少年强则国强，少年独立则国独立，少年自由则国自由，少年进步则国进步，少年胜于欧洲则国胜于欧洲，少年雄于地球则国雄于地球。红日初升，其道大光；河出伏流，一泻汪洋。潜龙腾渊，鳞爪飞扬；乳虎啸谷，百兽震惶。鹰隼（sǔn）试翼，风尘吸张；奇花初胎，矞矞（yùyù）皇皇。干将发硎（xíng），有作其芒。天戴其苍，地履其黄。纵有千古，横有八荒。前途似海，来日方长。美哉我少年中国，与天不老；壮哉我中国少年，与国无疆！

师：读着梁启超先生的《少年中国说》，是不是感觉到有一股热血在内心涌动呢？梁启超，一位中国近代史上的风云人物，你对他有些了解吗？请大家调动自己的积累，说说你所知道的梁启超先生，好吗？（学生说说自己了解的梁启超先生）

2. 多媒体补充资料如下：

梁启超，中国近代维新派领袖、学者，字卓如，号任公，又号饮冰室主人。1895 年追随康有为发动"公车上书"，1898 年参与"百日维新"。"戊戌变法"失败后逃亡日本。1916 年策动蔡锷组织护国军反袁。曾倡导文体改良的"诗界革命"和"小说界革命"。早年所作的政论文流利畅达，感情奔放。晚年在清华大学讲学，著述丰厚，合编为《饮冰室合集》。

（二）阅读课文，了解梁公

1. 过渡

看来，对作为政治运动领军人物的梁启超先生，你也许了解较多，但作为一位学者的梁启超先生，你是不是也想作更多的了解呢？（稍作停顿）那就让我们一起来读一读梁实秋先生的《记梁任公先生的一次演讲》，你一定会看到一个真实而又活生生的梁任公。

2. 准备

（1）简介作者：（多媒体）梁实秋，原名梁治华。成就：散文家、文学评论家、翻译家。作品：《雅舍小品续集》《浪漫的与古典的》《文学的纪律》《秋室杂文》《莎士比亚全集》《远东英汉大辞典》。风格：风趣幽默，朴实隽永。

（2）给括号前的字注音并朗读两遍。

戊（wù）戌（xū）　　　　叱咤（zhà）　　　　莅（lì）临
迥（jiǒng）异　　　　　精悍（hàn）　　　　激亢（kàng）
箜（kōng）篌（hóu）　　　酣（hān）畅　　　　蓟（jì）北

3. 梁实秋先生在文中说"过去也有不少显宦，以及叱咤风云的人物，莅校讲话。但是他们没有能留下深刻的印象"，为什么梁启超先生的演讲却能留下深刻的印象呢？阅读课文，划出能表现梁启超先生的性格、气质与修养的语句，并做些旁批。

示例：他的讲演是预先写好的，整整齐齐地写在宽大的宣纸制的稿纸上面，他的书法很是秀丽，用浓墨写在宣纸上，十分美观。（办事认真，学问和书法的修养都很好）

他的广东官话是很够标准的，距离国语甚远，但是他的声音沉着而有力，有时又是宏亮而激亢，所以我们还是能听懂他的每一字，我们甚至想如果他说标准国语其效果可能反要差一些。（先生的开场白好幽默，这学生梁实秋的幽默可一点都不逊色哟！不过想想也是的，这才是梁任公先生的声音嘛，

现在的电视剧中演毛泽东的演员，一开口就是标准的普通话，不也让很多人觉得别扭吗）

（三）交流探讨，认识梁公

1. 过渡

读了课文，你是不是对梁启超先生有了更深的了解？让我们一起来交流对梁启超先生的新的认识。

2. 提问

课文从哪些方面表现梁任公先生的性格、气质与修养？

明确：外貌、语言、神态、动作描写和侧面描写；记叙中加入自己的评论和感受。

3. 追问

请读一读你划出的语句，并谈谈你透过这些描写对梁任公先生的性格、气质和修养的认识，好吗？

学生有可能谈到的语句：

（1）外貌描写。随后走进了一位短小精悍秃头顶宽下巴的人物，穿着肥大的长袍，步履稳健，风神潇洒，左右顾盼，光芒四射。（文字不多，但很传神。可以分两层：前一层写身材、肖像、衣着，后一层写精神气质。"短小精悍""步履稳健""风神潇洒""光芒四射"，带有强烈褒扬色彩的词语的运用，写出了梁启超先生的气质，展现一个卓越不凡的大家的形象和风范）

（2）语言描写。他的极简短的开场白，一共只有两句，头一句是："启超没有什么学问——"眼睛向上一翻，轻轻点一下头，"可是也有一点喽！"这样谦逊同时又这样自负的话是很难得听到的。（真的难得听到，太谦虚未免显得有点虚伪，太自负又未免高傲了，这样独特的开场白，其语言与人格气质同样富有感染力）

（3）神态、动作描写。有时候，他背诵到酣畅处，忽然记不起下文，他便用手指敲打他的秃头，敲几下之后，记忆力便又畅通，成本大套地背诵下去了。（博闻强记，率性而为，自由洒脱）先生的讲演，到紧张处，便成为表演。他真是手之舞之足之蹈之，有时掩面，有时顿足，有时狂笑，有时太息。听他讲到他最喜爱的《桃花扇》，讲到"高皇帝，在九天，不管……"那一段，他悲从中来，竟痛哭流涕而不能自已。他掏出手巾拭泪，听讲的人不知有几多也泪下沾襟！又听到他讲杜诗讲到"剑外忽传收蓟北，初闻涕泪满衣裳……"，先生又真是于涕泗交流之中张口大笑了。（兴会所至近于表演的情景，感情丰沛，自由洒脱）（梁任公是个疯子，是个可爱的疯子，疯得率真，疯得潇洒，疯得伟大）这一篇讲演分三次讲完，每次讲过，先生大汗淋漓，状极愉快。（激情洋溢，乐在其中）

（4）侧面描写。他敲头的时候，我们屏息以待，他记起来的时候，我们也跟着他欢喜。（受感染而同喜同忧）我在听先生这篇讲演后约二十余年，……顿时忆起先生讲的这首古诗。（印象之深刻可见一斑）听过这讲演的人，除了当时所受的感动之外，不少人从此对于中国文学发生了强烈的爱好。（多么深刻的影响啊）

（5）记叙中加入自己的评论和感受。先生博闻强记，在笔写的讲稿之外，随时引证许多作品，大部分他都能背诵得出。（记叙中穿插评价表现先生的博闻强记，引证丰富）"公无渡河。公竟渡河！渡河而死，其奈公何！"这四句十六个字，经他一朗诵，再经他一解释，活画出一出悲剧，其中有起承转合，有情节，有背景，有人物，有情感。（记叙中穿插作者的评价，直接表现梁先生的演讲很有感染力）但是读他这篇文章和听他这篇讲演，那趣味相差很多，犹之乎读剧本与看戏之迥乎不同。（好一个"读剧本与看戏之迥乎不同"，我还真羡慕你看了那样一场好戏呢，你真会吊我的胃口啊）

4. 你能用文中的一句话来概括一下梁启超先生是个怎样的人吗？

明确：他是个"有学问，有文采，有热心肠的学者"。

5. 请用自己的语言来概括一下梁启超先生的形象。

（才华横溢，博闻强记，修养良好，开朗直爽，认真细致，风趣幽默，谦逊而自负，稳健而潇洒）

（四）深入思考，评价梁公

课文开头说："那时候的青年学子，对梁任公怀着无限的景仰，倒不是因为他是戊戌政变的主角，也不是因为他是云南起义的策划者，实在是因为他的学术文章对于青年确有启迪领导的作用。"读了本文，你是不是也同样对梁启超先生怀着景仰之情？（稍作停顿）那么，请你谈一谈自己对梁任公先生的评价，好吗？

学生各抒己见，只要言之成理，言之有据就给予肯定。

补充材料：（印发）

（1）一夫一妻少风流——自古道：才子风流本一家。但在才情恣肆的梁任公身上，那风流之情怀还是可以遏制的。他对华侨小姐何惠珍的断然割爱便是明证。那是在他带着"渔阳三叠魂惨伤，欲语不语怀故乡"的心境首途檀香山时，"学问见识皆甚好"的何蕙珍被这位流亡者的文采与演讲才华深深打动着。年仅20岁的蕙珍明知梁氏已家室在堂，便主动提出，只求以偏房身份走进他的生活空间，无怨无悔。任公先是为之感动，由敬重而生爱恋，终夕难寐，数日如之。嗣而思忖：出身名门的发妻李蕙仙有恩于自己甚多，加之自己曾与挚友谭嗣同创设"一夫一妻世界会"，总不能自食其言，愧对良知与亡友；再说，自己乃朝廷悬赏通缉之要犯，生死未卜，怎能再去连累他人？权衡再三后，他就谢绝了这份稀世真情。清朝垮台后，常年飘落异域的梁启超得以回国效力，旧情难忘的蕙珍专程赶往北京，找到梁启超，希望一还凤愿，时任司法总长的梁启超依然婉辞谢绝，而且只在总长客厅接待故友，拿出一副公事公办的样子，使抱兴而来的蕙珍扫兴而归。李蕙仙病逝后，蕙珍又专程从檀岛赶来，旧话重提，梁启超则沉浸在失妻的悲痛中，别无他念，连饭也没留蕙珍吃一顿。

（2）大义灭亲，披麻戴孝——为了实现自己报效国家的政治抱负，梁启超从风风雨雨中走过56个春秋，应付过各种场面，甚至不惜同"魔鬼"打交道。难能可贵的是，他始终恪守一份书生本色，以情谊为上，磊落其身，他是地道的性情中人。君不见，每当有人提起亡友谭嗣同，他总是眼噙泪花，俯首低回。在康梁师徒之间，由于梁启超颇有主见，对其师并不完全唯命是从，康有为对他很恼火，至于梁启超违背他的意愿，暗中与孙中山协商合作方案，事虽未成，康氏却耿耿于怀。尤其是面对其师违背民国历史发展潮流，为帝制复辟大造舆论，甚至追随张勋之流，为宣统帝草拟"诏书"，梁氏大义灭亲，在讨伐复辟逆流时，也拿其师陪榜，康氏恨之入骨，大骂"梁贼"。梁氏身为弟子，事后依然心系师门，胸无城府。康氏谢世时，是他带头募捐，主持身后，而且披麻戴孝，痛哭失声，率清华国学研究院众弟子在法源寺开吊3日。每当来人行礼，又是他始终站在孝子位置，答礼不疲。凡此种种，不胜枚举。

（3）不同寻常的宽容——最能开人眼界的当首推任公为北京协和医院辩护之举。1926年初，任公患有尿血症，协和医师诊断为右肾有肿瘤，建议割除。挨刀之后，方知右肾完好无损，割除之后，尿血依然未止。梁氏家属为之气愤，舆论矛头直逼协和。但在任公看来，医师并非有意为之，医疗事故无法绝对避免，加之协和乃美国人创办之医院，那是科学的象征，不能因为自己的手术失误而使国人怀疑科学，让守旧者找到口实。是他坦然忍受事故，劝慰家人，还以《我的病与协和医院》为题撰文，站在协和一边，"敬告相爱的亲友们，千万不必为我忧虑"，一场非同小可的医疗事故所引起的风波得以化解为零。他割掉的是一个好肾，但他以生命的名义留下一方宁静，托起一份宽容，一份足以使任何合理的或不合理的人间争斗都黯然失色的宽容，让生命个体由此超越和升华，这未尝不是一个奇迹，未尝不是全属他个人的一份杰作。手术之后才过 3 年，肾的主人就撒手尘寰了。身体素质原本不差的梁启超走得如此匆忙，显然与协和医院的那个医疗事故有关，怎不令人扼腕，一个 56 岁的学术大师毕竟还是正当时候啊！

（五）课堂小结

在那如火如荼的苦难岁月，梁启超的政治主张屡屡因时而变，但为人处世的原则始终未变。他重感情，轻名利，严于律己，坦诚待人。无论是做儿子、做丈夫、做学生，还是做父亲、做师长、做同事，他都能营造一个磁场，亮出一道风景。明镜似水，善解人意是他的常态，在某些关键时刻，则以大手笔写实爱的海洋，让海洋为宽容而定格，人间为之增色。我敢断言，在风云际会和星光灿烂的中国近代人才群体中，特别是在遐迩有知的重量级历史人物中，能在做人方面与梁启超相提并论的不多。我想，今天，我们通过梁实秋的这篇文章，对梁启超先生有了更进一步的了解，一定会在今后的人生中更多地懂得做人与做学问的相通之处，真心希望我们都能在做好学问的同时学习做人，做一个学品、人品俱佳的好学生！

（六）作业设计

记叙一位老师上课时的言谈举止等，突出其人物风貌，性格特征。

《荷塘月色》教学设计

一、教学要点

整体感知，把握作品的感情基调；具体欣赏《荷塘月色》的"语言美"。学习圈点批注，养成做旁批的良好习惯。

二、重点难点

重点：欣赏《荷塘月色》的语言美。难点：作者情感的把握。

三、（第一课时）教学内容与步骤

预习要求：

（1）利用手头现有的资料或上图书馆查阅有关朱自清的文章，做点读书笔记。

（2）反复朗读课文，体会《荷塘月色》这篇散文的"美"。

（一）导入，调动激情

（1）课前齐读《春》。

（2）（上课）师：看大家读得这么起劲，大家是不是很喜欢朱自清先生的这篇写景散文呢？可是，我要告诉大家的是，朱自清先生的写景散文中更为经典的一篇要数《荷塘月色》，今天我就来带着大家一起走进朱自清先生的《荷塘月色》。

（二）初读，整体感知

（1）师：我们的学习就先从欣赏著名表演艺术家孙道临先生对《荷塘月色》的朗读开始吧！

（2）播放录音。师：大家把笔拿在手里，边听边把文中比较直接地表现朱自清先生情感的语句划出来。

（3）提问：听过朗读，你找到了这篇文章的感情基调吗？（这几天心里颇不宁静）对！文章的第一句话就奠定了全文的感情基调。这种写法可谓是简洁至极，我们今后的写作中可以借鉴这一写法哟！追问：那么，"颇不宁静"是一种怎样的状态呢？在这里，"宁静"的反义词是什么？（烦躁）那么作者为什么不说"这几天心里很烦躁"呢？（颇不宁静，否定句，比"很烦躁"表示的语意轻一些，表明作者这种不宁静的感情只是淡淡的，"颇不宁静"也许就可以说是一种淡淡的哀愁吧）

（4）提问：是不是这样一种淡淡的哀愁的情感笼罩着全篇呢？（不是）那你觉得，还有一种怎样的情感在里面？（淡淡的喜悦）何以见得？找几个句子来说说作者的"淡淡的喜悦"之情的表现，好吗？

学生可能说到的句子有：

①我且受用这无边的荷香月色好了。（"且受用"，抛开一切烦恼，暂且

受用这无边的荷香月色，喜悦之情溢于言表。但为什么说这种喜悦之情也是淡淡的呢？作者用"且受用"而不说"我得好好的享受享受这无边的荷香月色"，可见作者并没有真正从不宁静的心境中解脱出来呢，所以，他又怎么能狂喜呢）（指导诵读）

②但热闹是它们的，我什么也没有。（正当作者陶醉于宁静而美好的月色之中，忽然之间的热闹一下子引起了他的感叹。可见作者与"热闹"的氛围并不能融洽，因此我们说作者所拥有的喜悦也只是淡淡的）

（5）师：通过找一些关键语句，我们一下子就把握住了这篇文章的感情基调。正是这种"淡淡的喜悦"和"淡淡的哀愁"情感的交融，才让我们感受到一种很特别的情感美。

（三）研读，圈点批注

师：作者的这种"淡淡的喜悦"和"淡淡的哀愁"之情是直接陈述出来的吗？（不是，是通过景物描写表现出来的）对，散文情感表达的最美方式莫过于借景抒情、融情于景了。那么，你觉得它写景写得最美的是哪几个段落？（4、5、6段）

好，我们就来细细地研读这几个段落，看看作者是如何通过美的语言来获得融情于景的美感的？要扎扎实实地研读语言的美与情感表达的美，最有效的方法就是对课文进行认真的圈点批注。下面，老师给一个示范，同学们分成三个大组，每组研读一个段落，好吗？

示例：曲曲折折的荷塘上面，弥望的是田田的叶子。（一开始，作者就用了两个叠音词，让我们感觉到一种音韵和谐之美。而且，文以"曲"为美，绘画中也有"曲线美"，用"曲曲折折"来修饰"荷塘"，形成一种幽深的意境，曲曲折折的荷塘能带给我们无穷的遐想呢。一个"田田"，也很容易使我想到乐府诗《江南》"江南可采莲，莲叶何田田，鱼戏莲叶间。鱼戏莲叶东，鱼戏莲叶西，鱼戏莲叶南，鱼戏莲叶北"这样的诗句，这样美的荷塘，怎不令"我"感觉到喜悦呢）

（学生分组研读，圈点批注）（时间：五分钟）

（四）品读，鉴赏语言

师：好！通过一段时间的研读，大家一定有了自己的成果，那么，我们是不是拿出来发表发表，让大家一起来品评一番呢？

学生随机发表自己对这三段中精彩语句的品析，老师、同学进行点评，交流探讨，领会课文"情景交融"的语言特色。

学生可能谈到的语句有：

（1）叶子出水很高，像亭亭的舞女的裙。（"像亭亭的舞女的裙"，这荷叶多漂亮啊！为什么不说"像擎着的伞盖"，而要说"像亭亭的舞女的裙"呢？一方面因为这个比喻更富于美感，有一种飘逸美、轻灵美、动态美，另一方面这个比喻也更准确，既准确地写出了荷叶在朦胧的月色和微风的吹拂之下才可能带给人的美妙联想，又更好地传递了作者的"喜悦"之情）（用"换一换"的方法来品味语言的美）

（2）层层的叶子中间，零星地点缀着些白花，有袅娜地开着的，有羞涩地打着朵儿的。（"点缀"一词非常准确地写出了荷花"少"的特点。为什么要突出花的"少"呢？因为作者的情感只是淡淡的喜悦，如果是"繁花似锦"，那么，这种意境是难以切合作者的心境的。再如，"袅娜""羞涩"，运用拟人的修辞手法，容易让人想到少女的形象，从而产生一种爱怜之情）（可换成"层层的叶子中间，粉红色的荷花满满的，有袅娜地开着的，有羞涩地打着朵儿的"来比较）

（3）……正如一粒粒明珠，又如碧天里的星星，又如刚出浴的美人。（连续运用三个比喻来写荷花，这种比喻，我们又称之为"博喻"。"明珠"写荷花在月光下晶莹闪光的特点；"星星"写出荷花在微风的吹拂之下，忽明忽暗的特点；"刚出浴的美人"，则突出荷花的"纤尘不染"。这三个比喻都能让人产生美的联想，而又一点都不张扬，让我们感受到了一种淡雅之美）

（4）微风过处，送来缕缕清香，仿佛远处高楼上渺茫的歌声似的。（"缕缕"来状"清香"，就已经让人感觉到这"清香"似乎可以看得见，摸得着，而一个"仿佛远处高楼上渺茫的歌声"的比喻，更是引发人们美的联想。那种似有似无、时断时续、隐隐约约的感觉真是奇妙无比。这种比喻很特别，它运用视觉、触觉、听觉来写嗅觉，你们知道这种修辞方法又叫什么吗？对的，通感。通感的修辞能引起人们的丰富联想，产生特殊的魅力）（"她长得很甜"，"她的声音很甜"）

（5）这时候，叶子与花也有一丝颤动，像闪电般，霎时传过荷塘的那边去了。（你觉得这里"像闪电般"的比喻是不是与文中那种"淡淡的"情调不一致呢？不会，因为它的前面有"一丝颤动"来加以描写，这里的"像闪电"也就不会是那种狂风暴雨来临之前的"闪电"了，而像是远远的天边偶尔划过的一道闪电，其情境与作者的情感还是一致的呢）（可以删掉"也有一丝颤动"进行比较）

（6）叶子本是肩并肩密密地挨着，这便宛然有了一道凝碧的波痕。（"肩并肩""挨",活画出了田田荷叶像一群光彩照人的少女一般妩媚多姿的形象。"凝碧的波痕"而不是"滔天的波浪",作者的炼字可真让我佩服啊)

（7）叶子底下是脉脉的流水,遮住了,不能见一些颜色;而叶子却更见风致了。（"脉脉"本指默默地用眼神或行动表达情意,这里运用"移就"的修辞手法,用来写流水,写出了流水无声而似有情的情态。"更"字也传递了一种喜悦之情)

（8）月光如流水一般,静静地泻在这一片叶子和花上。（"月光似水"的比喻常见,但把月光比作"流水",这是比较新颖的,以动写静,赋予静态的月光以动态,更添一种动态美。"静静地"一词又准确形容出月光无声的状态。一个"泻"字,照应前面"如流水"的比喻,化虚为实,准确地写出了月辉照耀、一泻无余的景象)

（9）薄薄的青雾浮起在荷塘里。（一个"浮"字,写出了深夜水气由下而上轻轻升腾,慢慢扩散、弥漫的情状,以动景写静景,描绘雾的轻飘状态。"浮"若换成"升",仅是由低往高移动,就没有了那种扩散、弥漫的情状)

（10）叶子和花仿佛在牛乳中洗过一样;又像笼着轻纱的梦。（"洗"承"泻","笼"承"浮",以叶、花的安谧、恬静衬托月色的朦胧柔和)

（11）虽然是满月,天上却有一层淡淡的云,所以不能朗照;但我以为这恰是到了好处——酣眠固不可少,小睡也别有风味的。（这个比喻特别有意思。作者拿"酣眠"与"小睡"带给人的感受来比喻因为有一层淡淡的云而不能朗照的"满月"带给作者的感受,真是别出心裁,妙不可言。问:你能体会这是怎样的一种感受吗? 为什么说是"恰到好处"呢? 原来这正是作者心境最好的写照啊)

（12）月光是隔了树照过来的,高处丛生的灌木,落下参差的斑驳的倩影,峭楞楞如鬼一般。（"如鬼一般"的比喻,美吗? 原来,作者是要用树影的明暗掩映、错落有致来反衬月光的轻盈荡漾之美啊。什么样的心情就能观察到什么样的景,这也正是作者内心的那种很淡很淡的喜悦的表现呢,你试想一下,如果是很高兴,陶醉于优美的荷塘月色,又怎么会理会这"如鬼一般"的树的黑影呢)

（13）弯弯的杨柳的稀疏的倩影,却又像是画在荷叶上。（"画"若换成"映",是月光照射,影子显现在荷叶上,表述一般。"画"赋予主动意识,仿佛有无形的手在展纸描绘"倩影",写出了投在荷叶上的月影之真、之美,流露出作者的喜爱之情)

（14）塘中的月色并不均匀;但光与影有着和谐的旋律、如梵婀玲上奏着的名曲。（这里，作者又一次运用通感的修辞手法，把黑白相间的光和影构成的画面比作和谐的旋律、小提琴的名曲，把视觉形象转化为听觉形象，给人以视觉兼听觉的感受，收到很好的艺术效果）

（15）树缝里也漏着一两点路灯光，没精打采的，像渴睡人的眼。（写出了灯光下月色的朦胧迷人。这里，作者"淡淡的喜悦"之情似乎更淡了，我们又似乎看到了一个心里不宁静的作者的"淡淡的哀愁"）

（16）"一"这个数词的多次运用。如"一番""一条""一个人""一粒粒""一丝""一层""一团""一带""一两点"等数量词，"一"形容其"少"，与文中作者"淡淡的哀愁"和"淡淡的喜悦"之情都十分切合。数量词被一般人所忽略，但在朱自清的笔下却能准确地描述事物的特性，为被修饰的成分增添丰富的审美内涵，成为语言中的一个亮点。

学生交流、品评之后，教师小结点拨：

《荷塘月色》的语言，既有比喻、拟人、通感等多种修辞手法的运用，又非常注重动词的锤炼，同时通过数量词的点缀和叠音词的使用，让我们体会到了散文语言的魅力。让我们感受更深的是，作者锤炼语言，不是为了追求语言美，而是为了将自己那种"淡淡的哀愁"和"淡淡的喜悦"之情表达得恰如其分。"一切景语皆情语。"写景是为了很好地表现作者的情感，这是我们必须进一步体会的。作者融情于景，即景抒情，那轻纱般掩映下的荷塘月色，反映的恰是作者当时微妙的心思。他要无牵无挂地独自受用无边的荷香月色，就是要摆脱"心里颇不宁静"，而追求刹那间安宁的心境的反映。由这种情绪所决定，荷塘景色全是一派幽静安宁的景象，然而这种淡淡的喜悦并没使作者真正变得超然，宁静复又不宁静，回环往复，深切而又微妙地反映了他"乐得暂忘记"而又不能"忘记"的万分苦恼的心情。作者一路写景，也一路抒情，随着景物描写的展开，构成了宁静与不宁静交替出现的感情层次，流贯在无边荷香月色里的，正是作者感触甚重的脉脉情思。作者缘情写景，以景衬情，不仅使作品具有美的语言，而且绘出了一幅幅美的图画，传递着一种美的情感。

（五）美读，体味情感

师：经过对这三段语言和情感的品析，你是不是越来越喜欢上了这几个段落呢？好，喜欢它，就好好地诵读它，快速地背下它！就让我们以齐声诵读描写最美的第4、5段来结束这一堂课的学习吧！

多媒体播放背景音乐《月光曲》（德彪西），学生齐读第4、5段。

备课札记：

《荷塘月色》是一篇老得不能再老了的课文，但它是散文中的经典，教读这篇课文，如何教出新意来，如何教才更符合新课程新课标的理念，这对我来说是一个挑战。许多教师在听过我的试教课之后，都建议我还是去借班讲曾获得湘潭市教科院专家高度评价的那篇《记梁任公先生的一次演讲》，但我是一个喜欢挑战自我的人，我不相信以我的实力不能对一篇经典散文进行解读。我还是坚持着自己的选择。我知道，只有这样，我才会真正成长成熟起来。

为了使课堂教学切合新课程标准的理念，我大胆地摒弃了传统教学的套路，确定一开始上课就抓住本文的重点段落来重点品析语言，在语言的品析中领会作者渗透其中的思想情感的教学思路。同时，课堂教学中注重学习方法的培养与学习习惯的养成，力求让学生真正"动"起来，真正成为学习的主人。

本堂课的教学设计，我以湖北省著名特级教师余映潮先生的"学生活动充分，课堂积累丰富"为主，结合湖北省著名特级教师洪镇涛先生的"学习语言"作为核心理念。我设计了几个主要的学生活动：诵读调动情感、听读勾划要点、研读写作旁批、品读探究语言、美读体悟情感等，力求调动学生眼、耳、口、手多种感觉器官来达到"活动充分"的目标。课堂积累则由诵读积累、旁批积累和交流积累等来丰富，让学生既有知识的积累，更有方法的积累和经验的积累。

学习的主动权要交给学生，老师的任务就更重了。就以一个"品读，鉴赏语言"的环节而言，由于是让学生自主探究，教师所做的研究就更得深入扎实。因为课堂上不再是由老师来牵着学生走，但又不能由学生来牵着老师走，这就得自己将这篇课文的语言琢磨个透，得始终把握住课堂教学的目标。以前，我对《荷塘月色》语言美的解读总是停留在"修辞美""动词的锤炼美""数量词的点缀美""叠词的音韵美"这样浅的层次，虽然也曾向学生谈过本文情景交融、融情于景的写作特点，但从来没有像这次一样弄明白这篇课文的语言是如何做到情景交融、融情于景的。这一次备课，我真正感受到了这篇课文那种情景交融的语言魅力之所在，钻得越深，对这篇课文的喜爱程度就越高。我发现，以前多次对《荷塘月色》的语言解读竟然都是那么的肤浅。我是真正喜欢上《荷塘月色》了。

通过对这堂课的教学设计活动，我更加深刻地认识到我们语文老师如果只凭资料（哪怕它是什么"优秀教案"），不加消化就上课是对教学、对学生的一种极不负责的做法，认识到课程改革的必要性和紧迫性，认识到了教研活动对教师业务水平的提高，对学校教学的促进作用。

这次的备课，我非常感谢肖春国老师、孙继红老师对我的教学设计提出了富于创造性的意见，感谢左杏老师对我的全程关注与指导，同时，也感谢语文组同仁对我的关心和帮助。

新课程下的语文教学要走的路才起步，但我有信心，也相信我们语文组的全体教师有这个能力把新课程改革活动开展得有声有色。

继续努力吧，黄翼新！

《夜归鹿门歌》教学设计

一、教学目标

（1）背诵本诗。

（2）学习如何通过对古典诗歌中意象的把握来体会和品味诗歌的意境美。

（3）通过学习，了解孟浩然诗歌的意境和创作风格，并进一步探究中国古典诗歌的不同风格。

（4）学会反复诵读、联想、想象去置身诗境，通过意象联缀、补充联想、炼字炼句来缘景明情。

二、重点难点

重点：通过学习本诗了解鉴赏古典诗歌要置身诗境，缘景明情。

难点：本诗是怎样通过景物意象创造意境来表达作者的思想情感的。

三、教学内容与步骤

（一）复习导入

我们以前学习过孟浩然的《过故人庄》。大家还能背诵吗？（学生齐背）

故人具鸡黍，邀我至田家。绿树村边合，青山郭外斜。开轩面场圃，把酒话桑麻。待到重阳日，还来就菊花。

背得很好，哪一位同学能不能说说看，这首诗选用了哪些景象，营造了怎样的意境，抒发了作者怎样的情感？

明确：

意象：鸡黍、田家、绿树、青山、轩、晒场、菜园、酒、桑麻。

意境：优美宁静的田园风光画，淳朴诚挚的情谊。

情感：一个普通的农庄，一回鸡黍饭的普通款待，描写的是眼前景，使用的是口头语，把恬静秀美的农村风光和淳朴诚挚的情谊融为一体，表现了作者对田园生活的无比喜爱。

今天，我们运用"置身诗境，缘景明情"的方法来学习他的另一首诗《夜归鹿门歌》，看这首诗又选用了哪些意象，营造了怎样的意境，抒发了作者什么情感？

（二）朗读背诵

（老师范背，学生自由读，集体读，请同学试背）

夜归鹿门歌
孟浩然

山寺钟鸣昼已昏，渔梁渡头争渡喧。

人随沙岸向江村，余亦乘舟归鹿门。

鹿门月照开烟树，忽到庞公栖隐处。

岩扉松径长寂寥，惟有幽人自来去。

（三）赏析指导

1. 知人论世

孟浩然（689—740），唐代诗人，字浩然，襄州人，早年隐居鹿门山，曾游历长江南北各地，一生未仕。其诗多描写山水田园的幽静境界，却不时流露出一种失意情绪，所以诗虽清淡却有壮逸之气，为当世诗坛所推崇。自然平淡是孟浩然山水诗的风格特点。孟浩然家在襄阳城南郊外，岘山附近，汉江西岸，题中鹿门山则在汉江东岸，沔水南畔，与岘山隔江相望，距离不远，乘船前往，数时可达。孟浩然40岁赴长安谋仕不遇，游历吴越数年后返乡，决心追随先贤庞德公的行迹，特意在鹿门山辟一住处，偶尔也去小住，其实是个标榜归隐的创业，所以题目"夜归鹿门"，虽有纪实之意，而主旨却在标明这首诗是歌咏归隐情怀志趣。

2. 初知意象

下面我们再次齐读这首诗，看这首诗用到了哪些意象？这些意象分别带给你怎样的感受？

山寺钟鸣：僻静　　　　　　　　　　对比，衬托

渡头争渡：喧闹

三、四句叙事：世人回村，诗人进山，对比之下，显出诗人隐逸的志趣。

鹿门月、烟树：优美宁静

岩扉、松径：寂寥幽静

3. 置身诗境

这首诗的意象比较常见，而且通篇基调一致，那么这些意象所构成的意境和表达的情感各是怎样的呢？那就需要我们置身诗境，通过反复诵读诗歌，借助联想和想象，将作者所描绘的意象和画面，一一再现到我们的头脑中，使我们的整个心灵沉浸在一个想象的世界之中，得到审美享受，进而把握人物的思想情感，这就是置身诗境的方法。

现在就让我们借助想象和联想，看能不能用自己的话将诗人所描绘的意象和画面描述出来。（学生思考，自由讲，然后请一位同学讲）

参考：黄昏时候，幽僻的古寺传来了报时的钟声，渔梁渡头争渡声响成一片，非常热闹。人们沿着沙岸，向着江村走回家去，我也乘着小船，悠闲自得地摇橹回到我的隐居地鹿门。鹿门的月亮照亮轻烟缭绕的树木，我忽然来到庞德公隐居的住处，石门对着松林长径多寂寥，只有我这个隐者在此来去自由。

4. 缘景明情

（讲得非常好！下面，我们带着一些问题，来体会诗歌的意境和作者的情感）

（1）诗歌的开篇两句描写了什么景象？运用了什么表现手法？

明确：首句写白昼已尽，黄昏降临，幽僻的古寺传来了报时的钟声；次句写渔梁渡口人们急于归家时抢渡的喧闹。首句表现的是安宁静谧的环境，次句却是喧闹，形成鲜明的对比，这是远离人们的禅境与喧杂纷扰的尘世之间的比照。这两句是写诗人傍晚江行的见闻。

板书：

山寺钟鸣：安静→禅境 　　　　　　　　　对比

渔梁渡头：喧闹→尘世

（2）仔细体会三、四句诗，这两句诗暗示了诗人和世人的不同选择，从中我们可以看出诗人的志向是什么？

明确："人随沙岸向江村，余亦乘舟归鹿门。"前句承"渔梁"诗意，写村人各自上岸还家；后句承"山寺"诗意，写自己回到鹿门。这两句是以村人归家引出诗人回归，作为前文的具体补述，两种归途展现的是两种不同的心境，这又是一个比衬，从中表现出诗人与世无争的隐逸志趣和不慕名利的淡泊情怀。

板书：

世人还家 　　　　　与世无争的隐逸志趣

诗人归鹿门 　　　　不慕名利的淡泊情怀

（3）诗人既然选择归鹿门，那么他在归途中又看到了什么景象呢？

鹿门山的林木被暮霭所笼罩，朦胧而又迷离，山月一出，清光朗照，树影清晰，诗人被如此优美宁静景色所陶醉，他忘情地攀登在崎岖的山路，不知不觉间来到了庞公昔时隐居的地方。

板书：

鹿门月 　　　　　　优美宁静

烟　树

（4）诗人回到鹿门隐居之所，他过着怎样的生活？

"岩扉松径长寂寥，惟有幽人自来去。"山岩之内，石扉半掩，松径之下，自辟小径，这里没有尘世干扰，唯有禽鸟山林为伴，隐者在这里幽居独处，过着恬淡而寂寥的生活。这里的幽人，既是指庞德公，也是诗人自况。庞公在这里隐居，诗人步他后尘，在这里一个人生活，在这个天地里，人与大自然融化在一起，心中是多么宁静、超脱和悠然自得。下面，让我们带着一种宁静、超脱和悠然自得的感情来朗读这首诗。

从意象、意境、情感上来分析总结全诗。

意象：山寺钟鸣，渡头争渡，鹿门月，烟树，岩，扉，松径。

意境：优美宁静，恬淡，寂寥。

情感：宁静，超脱，悠然自得。

（四）自主赏析

通过《夜归鹿门歌》的赏析，我们学习了诗歌鉴赏的方法——置身诗境，缘景明情。下面我们运用这种方法自主赏析王维的《归嵩山作》，完成后面的几个题目。

归嵩山作①

清川带长薄②，车马去闲闲③。

流水如有意，暮禽相与还。

荒城临古渡，落日满秋山。

迢递嵩高下，归来且闭关。

注：①本诗是写王维辞官归隐途中所见的景物和心情。嵩山，古称"中岳"，在今河南登封县北。②长薄：一片长长的草木丛生的草泽地。③闲闲：缓慢悠闲。

（1）首联描写作者归隐出发时的情景，扣题目"归"字，表现了诗人什么样的心境？（清澈的河水环绕着一片长长的草木丛生的草泽地，离归的车马缓缓前行，显得那样从容不迫，反映出诗人出发时的一种安详闲适的心境）

（2）颈联写到了哪些景象？构成了一幅什么样的图画？反映了诗人怎样的心境？（这一联运用了寓情于景的写法，写了四种景物：荒城、古渡、落日和秋山。构成了一幅具有季节、时间、地点特征而又色彩鲜明的图画：荒凉的城池临靠着古老的渡口，落日的余晖洒满了萧飒的秋山。这是诗人归隐时所看到的充满黯淡凄凉色彩的景物，反映出诗人离归隐地越近心情越凄凉的心境）

（3）尾联中的"闭关"二字你是怎样理解的？（"闭关"二字不仅指关门的动作，而且含有闭门谢客的意思，表达了作者要与世隔绝、不再过问社会人事的心情）

（五）布置作业

运用"置身诗境，缘景明情"的方法，自学并背诵王维的《积雨辋川庄作》一诗。

（六）结束语

诗歌鉴赏中最重要的莫过于通过对意象的把握，发挥想象，体会和品味诗歌特有的意境美，从而准确地把握诗歌所要表达的情感。这一节课，我们进一步熟悉了赏析诗歌的重要方法——置身诗境，缘景明情。只要同学们在学习中国古典诗歌时，重视反复朗读，置身诗境，将作者所描绘的意象和画面一一再现到自己的脑海中，体会诗歌所再现的意境，并抓住最富有表现力的词语来进行赏析，我相信，同学们一定能陶醉在中国古典诗歌所带给我们的审美享受之中。

中 篇

激情导练 下水示范

第3辑 理论探索

"激情·导练"作文指导新课型浅说

"激情·导练"作文指导新课型，是笔者在语文课堂教学"激导模式"理论指导下，在作文教学实践中创新的一种作文指导新课型。

一、"激导模式"简介

"激导模式"是笔者在十多年中学语文教学实践的基础上于1997年总结并构建的一种语文课堂教学模式。该模式以"目标导控理论""愤悱启发理论""反馈控制理论""需要理论""激励理论"为理论基础；它的基本宗旨是：以目标为中心，以教材为依据，以师生为主体，以激疑为起点，以练习为主线，以鼓励为方向，以达标为目的；在课堂教学中，以"设定目标—激起疑问—练习反馈—指导评价—巩固达标"为基本程序，一堂课围绕教学目标进行一个或多个循环，使课堂教学有序而不死板，课堂气氛活跃而不散漫，节奏鲜明，高潮迭起，从而获得最佳教学效果。

"激导模式"由于有先进的教育教学理论为基础，由于有可供教师具体操作的基本程序，因此，在语文课堂教学改革中获得了极大的成功。笔者以此模式执教，参加湘乡市两次赛课，都获得了一等奖，1999年参加湘潭市"希望之星"课堂教学大赛获得二等奖。总结该模式的论文——《激导模式的探索与实践》，1998年在湘乡市、湘潭市年度论文评比中均获一等奖，1999年在首届"语通杯"语文教研成果大赛中获论文一等奖。这一模式在湘乡市语文教育界产生了较大的影响，并在较大范围内推广实践。

二、"激导模式"与"初中作文教学研究"

作文教学与阅读教学有很大的不同。那么，最初是从阅读教学中总结出来的"激导模式"是否能运用于作文教学实践呢？自构建"激导模式"以来，我一直都在这方面积极探索并试验。我发现，把"激导模式"的程序照搬过来运用于作文教学实在是很勉强。但是，"激导模式"的理论又完全可以用来指导作文教学实践活动。因此，我努力用"激导式"理论来指导自己的作文教学实践活动。

2000 年 4 月，我以该理论指导学生进行一次"记叙为主，叙议结合"的写作活动，先是精心导演了一次"学生当老师"的活动，指导一名学生当小老师，备课、试教，再备课、再试教，然后正式给同学上课。这一次活动获得了巨大的成功，学生进入一种前所未有的激昂状态。我抓住契机让全班同学立即写作，结果作文呈现出空前的生机和活力。随后，我又指导学生反复修改，由于一直在一种激情中进行写作和指导，因此这一次作文教学获得了极大的成功。用这次教学设计参加首届"语通杯"写作导练新创意大赛，获"教师新创意"三等奖，同时有三位同学的作文获一等奖，二十五位同学的作文获二等奖。这次作文教学的成功使我更加坚信："激导模式"运用于作文教学同样具有无限的生机和活力。

如果说以前的作文教学还是处于一种"盲目、无序、混乱的状态"的话，那么"初中作文教学研究"课题组为我们编写的作文教材，使"激导模式"与作文教学更好地结合起来。激导模式注重目标的导控作用，课堂教学中围绕目标而激疑、而练习、而指导、而巩固，最终达到目标。这一套作文教材的九个模块中，首先就是"写作目标"，目标的明确性与"激导式"教学注重目标的导控作用不谋而合，而九个模块中"课题阐释""精段导读""句段训练""作文活动"等为课堂教学实现以练习为主线，提供了具体操作的材料，课堂教学中更容易围绕目标而指导练习。因此，"激导式"教学的理论在"初中作文教学研究"课题实验中特别是作文课堂教学中大有用武之地。

三、"激情·导练"作文指导新课型的产生

"激情·导练"作文指导新课型就是运用"激导式"理论指导作文教学实践的产物。

作文指导无非要指导学生解决两个问题：写什么和怎么写。在写作中，学生普遍感到苦恼的问题，首先是无话可写，即不知道写什么。

作文的源头是生活，这是不是意味着学生没有生活呢？非也。学生的生

活是非常丰富的。学生作文之所以枯燥乏味，并不是因为学生本身缺乏生活，而是由于我们教师没有激发起他们的情感。因为情感没有被激发，写作时学生就会缺乏激情，从而无法调动自己的生活积累。

"激导式"理论中的需要理论告诉我们：人们的行动源于本身的需要。学生作文，以前大多处于一种完成任务的状态，只有当它内化为本身表达情感的需要，学生才有可能抱着极大的热情投入写作。我们常常可以见到这样的现象，如有的同学和别人聊天眉飞色舞、手舞足蹈、滔滔不绝，等到你要他口头作文，却沉默不言，或吞吞吐吐；如有的同学平日作文枯燥乏味，但他的日记中不时会冒出一些令你惊讶的习作。这样的现象，根本的原因在于写作是否是他本身表达情感的需要。只要教师善于激发学生的情感，使写作由"要我写"变成"我要写"，学生的作文就会呈现出生机勃勃的景象。因此，课堂教学中一定要重视对学生情感的激发。事实上，许多教师在此方面都进行了卓有成效的探索。"初中作文教学研究"课题，更是把课堂情境的设置作为一项重要的研究内容。我们在课题实验中运用"激导式"理论作为指导，通过多种途径和手段，激发起学生的情感积累，使写作不再让学生感到是一种任务，而是一种表达的需要。同时在课堂教学中重视对学生的鼓励与肯定，"人受到鼓舞后，会增强自信心，从而产生一种极大的积极力量和无形的力量"。当学生抱着极大的兴趣写作时，写什么便已不成问题。

写作是一种技能。技能的形成要经过反复训练。因此，"激导式"教学特别重视练习，课堂教学中坚持以训练为主线。我们运用"激导式"理论来指导作文教学实践，更多地注重了课堂教学中的训练，更多地注重了在教师指导下的有目标、有重点的训练。"初中作文教学研究"课题组编写的作文教材为我们设计了九个模块，即"写作目标""本课话题""精段导读""课题阐释""作文活动""范文借鉴""习作评改""句段训练""资料卡片"。通常，我们对它进行优化组合，在作文指导课中运用激导式"目标导控理论"，注重写作目标的导控作用；运用激导式的"反馈控制理论"，通过对"精段导读""课题阐释""作文活动""句段训练""习作评改"等教学模块的优化组合，指导学生反复训练，以训练为主线，及时掌握学生练习中反馈的信息，围绕写作目标进行指导。这样，作文教学的效果更高了，每一堂课重点掌握一种写作技能，作文怎么写的问题也逐步解决了。

运用"激导式"理论指导作文教学，我们发现：初中作文教学重在如何激发学生的情感和如何指导学生练习。在进行课题实验的探索过程中，我们逐步摸索，建立了一种新的作文指导课型——"激情·导练"作文指导新课型。

四、"激情·导练"作文指导新课型的基本内涵

"激情·导练"作文指导新课型的基本程序是：明确目标—激发情感—指导练习—巩固拓展。

在课堂教学的具体操作过程中，先根据大纲及作文教材明确写作目标，通过目标的导控作用激发学生的情感和兴趣；在此基础上"阐释课题"，指导学生从阅读中学到写作知识，得到情感体验；运用多媒体教学手段设置情境，调动学生的生活与情感积累，产生写作的激情；在指导写作实践过程中，既有口头作文，又有书面写作，一般先口头作文，针对反馈的信息予以评点指导，然后再书面写作，强调当堂点评，给学生以现场指点，以促成目标的达成；最后进行整篇写作训练，以巩固教学目标。

"目标是行动的方向。"要高效率地对学生进行写作指导，就必须充分发挥目标的导控作用，在课堂教学中始终围绕目标而激疑、而指导、而练习，最终促成目标的达成和巩固。

"激发情感"是促使学生主体作用发挥的重要手段。在讲课过程中，教师要自始至终投入自己的激情，运用富于感染力的语言打动学生，同时可设置各种情境，运用多种教学手段，调动学生的情感积累，对学生的写作实践，以鼓励为主，保护学生写作的积极性。

"指导练习"是贯穿课堂教学始终的主线。通常，在课堂教学中，可对九个模块进行优化组合，通过"精段导读""习作评改""句段训练""作文活动"等，指导学生由"读"到"感"到"说"到"写"，由"生活"到"认知"到"表达"，促进学生写作技能的形成。课堂教学中的"练"，强调围绕目标而"练"，及时练习，及时反馈，及时指导，能高效率地达成写作目标。

"巩固拓展"是指对写作目标的巩固及拓展延伸。因为写作活动是一种整体性很强的活动，"整体大于部分之和"，每一次作文训练突出一个重点，但同时又要把它和其他写作技法结合起来，才能真正提高写作水平。每一堂课后的整篇作文训练，就是为进一步巩固课堂教学目标，同时使各种写作技能得以综合运用的重要措施。

"激情·导练"作文指导新课型，以目标为中心，通过情境设置，运用

多种教学手段，把生活带入课堂，激发学生的情感积累和生活积累，又通过围绕写作目标而进行的精段导读、习作评改、句段训练等，能较快地架起作文与生活的桥梁，使学生不仅有话可写，而且懂得如何才能写好。这一新课型为高效率进行作文指导教学提供了可供操作的基本模式，我们将在实验中不断地完善。

五、"激情·导练"作文指导新课型操作的几点说明

1. "激情·导练"作文指导新课型，重视目标的导控作用

在进行课堂教学设计过程中，一定要自始至终突出目标的作用。一开始就让学生明确目标，课中的激情和导练始终围绕目标，力求当堂达成教学目标。

2. "激情·导练"作文指导新课型要求突出教师对学生情感的激发

激发情感的手段和方式可以多种多样，调动起学生的情感积累，关键在于调动学生对生活的感受。由生活到作文，要在课堂四十五分钟时间内为学生架设起桥梁，就需要把生活带入课堂。多媒体教学手段为我们创造了有利条件。同时，创设情境是一种重要的手段，我们要在作文情境的设置上做些探索和研究，为激发学生的写作激情而努力。

3. "激情·导练"作文指导新课型非常重视练习的循序渐进

课堂教学强调老师的指导作用，重视"精段导读""范文借鉴""习作评改"等模块的作用，由读到感到说到写，由生活到认知到表达。在教学设计中，我们一定要注意引导、指导的循序渐进原则。

"激情·导练"作文指导新课型，是在"激导式"理论指导下，在进行"初中作文教学研究"课题实验过程中，理论和实践相结合的产物。该课型为作文指导课提供了一套可操作性较强的模式，我们衷心希望这一新课型能得到专家的教正，为"初中作文教学研究"课题做出一点成绩。

（此论文完成于2001年，以此论文为基础执教"抓住心灵的震颤"作文指导课，在湖南省初中作文教学竞赛中荣获一等奖第一名，此论文节选以《"激情·导练"作文指导新课型的基本内涵》为题发表在《语文教学通讯》2002年高中版第3期）

"激趣·导改"作文批改指导模式浅说

"激趣·导改"作文批改指导模式是初中语文课堂教学"激导模式"的一个重要组成部分，和阅读课"激疑·导读式"、作文指导课"激情·导练式"共同组成语文课堂教学"激导模式"的三种课型。它以"激导式"理论为指导，以培养作文批改能力为目的，以作文批改指导课为基地，对中学生进行系统的作文批改能力训练。本文主要介绍了设立作文批改指导课的必要性和形式，激导模式理论在作文批改指导课中的指导意义以及"激趣·导改"作文批改指导模式的基本内涵，同时还提供了一个教案作为例证。

一、设立作文批改指导课

"文从改中出。"

"好文章不是写出来的而是改出来的。"

作文批改能力培养，历来为有识教育专家及第一线老师所重视。许多教师在这方面探索出了一整套行之有效的方法。著名语文教育改革家魏书生老师则为了证明老师不批，学生作文水平照样能提高，连续 16 年没有亲自批改过一篇作文，但魏老师特别注重学生作文批改能力的培养。

虽然如此，还是有许多学校以老师对作文评改的数量作为教师工作评价的依据，许多老师即使是在指导学生作文批改方面进行了很多有益的尝试，但也往往是作为一些实验进行，不敢放手让学生进行批改。正因为如此，我觉得，很有必要在我们的语文课中开设作文批改指导课。我们在进行作文课题实验的尝试告诉我们：设立作文批改指导课，有利于引起教师对学生作文批改能力培养的重视，有利于系统地、有计划地、有步骤地培养学生作文批改能力，有利于学生作文水平的提高。

开设作文批改指导课，指的是每一次大的作文训练都开设一次作文批改指导课，以指导学生进行批改实践，不是偶尔开设一两次，目的在于使批改指导成为有目的、有计划、有步骤的、系统的教学活动，从而训练学生的作文批改能力。

二、激导模式与作文批改指导课

"激导模式"是笔者在多年教学实践的基础上总结并构建的一种语文课堂高效教学模式。该模式以"目标导控理论""愤悱启发理论""反馈控制理论""需要理论""激励理论"为理论基础。它的基本宗旨是：以目标为中心，以教材为依据，以师生为主体，以激疑为起点，为练习为主线，以鼓励为方向，以达标为目的；在课堂教学中，以"设定目标—激起疑问—练习反馈—指导评价—巩固达标"为基本程序，一堂课围绕教学目标进行一个或多个循环，使课堂教学有序而不死板，课堂气氛活跃而不散漫，节奏鲜明，高潮迭起，从而获得最佳教学效果。

激导模式由于有先进的教育教学理论为基础，由于有可供教师操作的基本程序，在语文课堂教学改革中获得了极大的成功。总结该模式的论文，1999 年在首届"语通杯"语文教研成果大赛中获论文一等奖。笔者自 2000 年开始参加湖南省"初中作文教学研究"课题实验，特别注意激导模式与初中作文教学的结合。以该模式指导的作文指导课 2001 年 5 月在湖南省初中作文教学优质课竞赛中获一等奖，以该模式指导构建的作文指导课型——"激情·导练"作文指导新课型也被《语文教学通讯》向全国推介。

作文批改指导课主要解决三个问题：一是批改兴趣，二是批改方法，三是能力培养。

"兴趣是最好的老师。"要学生批改作文，存在两种较为普遍的现象：部分写作水平较高，写作兴趣浓厚的学生对批改别人的作文抱着很大的兴趣；而那些写作基础较差的同学，或认为批改是老师的事，或认为自己改不好作文而对作文批改不感兴趣。激导式理论中的需要理论告诉我们，当学生把提高作文批改能力化为了提高本身写作水平的需要时，学生就有可能抱着极大的热情投入作文批改实践活动中去，因此，课堂教学中激发起学生批改作文的兴趣是第一要着。

每一次作文批改，能否真正使学生的作文批改能力得到锻炼和提高，关键在于是否有明确的目标和具体的指导。激导式理论中的"目标导控理论"和"愤悱启发理论"告诉我们，目标是行动的方向，只有每一堂课都有明确的目标，才可能使学生作文批改能力得到系统培养。在课堂教学中，老师围绕批改能力这一培养目标进行启发指导，使学生在批改实践活动中有重点地培养某一方面的批改能力，最终达到批改能力的全面提高。

作文实践活动是作文批改指导课的主线，激导式理论坚持以"反馈控制理论"为指导，强调以训练为主线，强调信息的即时反馈，在作文批改指导课中，既有教师指导下的批改，更有独立的批改实践活动，使能力培养得以落实。

总之，作文批改指导课，完全可以运用"激导式"理论作指导，正因为如此，我们在作文批改指导实验的过程中，逐步构建并完善了课堂教学模式——"激趣·导改"作文批改指导模式。

三、"激趣·导改"作文批改指导模式的基本内涵

"激趣·导改"作文批改指导模式的基本程序是：设定目标—激发兴趣—指导批改—批改实践—总结讲评。

在具体操作过程中，先根据《中学语文教学大纲》（以下简称《大纲》）的要求、作文训练的重点和学生写作实际情况确立整堂课的教学目标，并使学生明确。通过目标的导控作用激发学生批改的兴趣。接着展示学生作文实例，传授批改方法，指导批改实践，通过指导评改给学生以示范和信心。随后由学生自主进行批改实践活动，教师通过巡视及时掌握批改情况，进行个别辅导和交流，最后针对学生批改情况作总结和讲评。

作文批改指导课教学目标的确立，主要依据是《大纲》、作文训练重点和学生写作实际情况。在上课之前，教师必须将学生作文通读一次，切实掌握学生作文情况，在此基础上确立目标。目标的设定通常包括智能目标、技能目标和情感目标，其中重点突出技能目标的培养。每一堂课的教学目标应向学生明示，以发挥目标的导控作用，整堂课围绕目标而激趣、而指导、而实践、而讲评。

"激发兴趣"是促使学生积极主动投入到批改实践中的重要手段。激起学生兴趣的主要途径有：明示目标以使学生有明确的方向，从而自觉把批改实践当做自身能力培养的需要；指导具体以使学生增强自信心，从而使学生产生跃跃欲试的心理，并转化为批改实践的愿望；及时指点以使学生有持续的动力，从而使学生及时度过一个个关卡，并始终保持强烈的兴趣；鼓励为主以使学生享受成功，从而保护学生的积极性。

"指导批改"是课堂教学的关键。成功的指导不外乎这样几个因素：目标明确，重点突出，选例典型，效果明显。因此，在通读学生习作的基础上根据作文批改能力训练目标精选典型作文非常重要。在指导过程中应重点突

出一至两个方面，绝不要追求面面俱到，要有每一堂课的特色。同时，指导的过程不是教师讲授的过程，应注重双边活动的设计，特别是学生活动的设计。只有让学生参与，才能使他们体验到批改的乐趣，掌握批改的方法，增强其自己动手批改的信心。另外，指导的形式要力求稳中有变，形式的不断创新也是学生保持长久兴趣的重要手段。

"批改实践"是贯穿课堂教学指导的主线。课堂教学中的批改实践活动主要有两个部分：一是教师指导下的批改实践活动，二是学生自主的批改实践活动。学生自主的批改实践活动是课堂里的重头戏，此时，课堂的主角是学生。教师主要做好组织教学，做好个别辅导，做好信息掌握，以便于随后进行的总结评讲。批改实践活动的形式可以不断地变换，可全班同改一篇（每人印发一份），可自批自改，可交换批改，也可小组批改，等等。形式的选择主要根据批改能力培养目标和学生作文实践情况决定。

"总结讲评"不是作文讲评，而是针对作文批改实践的情况作评述，这是批改指导课的最后的一个环节。通过对批改情况的分析总结，充分肯定学生在批改实践中所付出的努力，所取得的成绩，同时针对存在较为普遍的问题加以指导，以便今后改正。"总结讲评"也可以是由学生交流在批改过程中发现的问题，通过共同探讨以得到解决。在"总结讲评"过程中要更加注意本堂课的目标是否达到，切忌面面俱到、蜻蜓点水，促进目标的巩固是"总结讲评"的目的。

"激趣·导改"作文批改指导课，以培养作文批改能力为目的，课堂教学中，以目标为中心，通过教师的指导示范，运用各种教学手段，激发学生批改的兴趣，进行多种形式的批改实践活动，有计划、有步骤、系统地培养学生批改作文的能力，最终促成写作水平的提高。

作文批改指导课的开设为系统培养学生作文批改能力提供了广阔的时空，"激趣·导改"模式则为高效率进行作文批改指导提供了理论指导与具体的操作模式。

四、"激趣·导改"作文批改指导课例

"一事一议"作文批改指导

（一）教学目标

（1）学习做旁批；

（2）通过结构分析培养严密的逻辑思维；

（3）进一步掌握"一事一议"议论文的结构。

（二）教具准备

（1）学生习作2篇。

（2）制作灯片，备投影仪。（注：受当时教学条件所限）

（三）教学方法

激趣·导改法；互批自改法。

（四）学具准备

发放作文本，自备红笔一支。

（五）教学内容及步骤

1. 明确目标，激发兴趣

（1）谈话导入（由魏巍《谁是最可爱的人》成稿经历导入）

（2）明确目标

灯片一：

①学习做旁批；

②通过结构分析培养严密的逻辑思维；

③进一步掌握"一事一议"议论文的结构。

2. 示范批改，掌握要领

（1）了解"旁批"

灯片二：

"旁批"："旁批"是在作文段落的旁边做批注的一种方法。它与"眉批"和"尾批"的主要区别是：旁批针对的是语段材料；"眉批"和"尾批"则是从总体上进行评价。它与"点评"也有区别："点评"主要是针对具体的语言材料，更多着眼于语言的运用，而"旁批"则更多着眼于文章的结构、立意、材料及写作方法技巧等的评价。"旁批"主要用于肯定优点，指出不足，提出修改意见，是作文批改中最重要的一种方法。

（2）旁批示例

灯片三：

（例文）遵守课堂纪律是十分重要的。毛主席说过："加强纪律性，革命无不胜。""文化大革命"由于不讲纪律，没有法制，结果中国国民经济滑向了崩溃的边缘。在朝鲜战场上，邱少云被燃烧弹击中，他只要在地上打一个滚，就可安全脱险。可他为了战斗的胜利，不暴露目标，仍然一动不动，结果被大火活活烧死，保证了战斗的胜利。考场上如果哪位考生不遵守纪律，随便进出，任意作弊，不仅影响他人，也会扰乱考场，是考纪所不容的。上课的钟声响了，可是老师迟迟不进教室，就会使课堂大乱。如果火车不按时启动，不正点运行，不仅影响交通，还会发生相撞事件，造成重大损失。由此可见，遵守课堂纪律是很重要的。

（旁批）议论文要列举论据，尤其是事实论据，因为"事实胜于雄辩"。但如果一味的罗列论据，缺少评论，就成了材料的堆砌。这一段的问题也就在此。建议在修改时删去几个，留两三个论据即可，但别忘了每一个事实论据切不可一味地叙述，应根据证明论点的需要加以评论，以增强说服力。

（3）例文批改指导

（例文课前印发每一个学生，此略）

例文一：《从成功的秘诀说起》（作者：周奇俊同学）

批改指导：

①阅读第一、二段，你认为作者开头叙事有怎样的特点？第二段在结构上有何作用？

②阅读第三段，想一想，这段论据与论点之间关系怎样？

③仔细阅读第五段，想一想，"姜子牙在八十一岁才被周文王相中，就因为他有自信"这句话存在什么问题？请你从语言严密的角度写出旁批，提出修改意见。

④文章结尾怎样？请联系题目，谈谈本文结尾存在的不足。

例文二：《从〈木兰诗〉说起》（作者：李博同学）

①批改示范（此略，这是一篇与作文要求存在差距较大的作文，示范批改已附在印发的作文上）

②通过批改示范引导学生回顾"一事一议"议论文的结构。

灯片三：

"一事一议"议论文结构示例

叙事部分：简述一件自己熟悉的、感受深的事情。

议论部分：①对所叙事情作简单分析，阐明自己的观点。②讲道理、摆事实佐证自己的观点。③联想、类推，得出结论。

3. 批改实践，形成能力

提示：认真阅读手头的作文（随机分发），重点针对各部分是否符合"一事一议"结构要求写出"旁批"，存在的其他问题可暂且不管（必要的错别字纠正、明显病句纠正除外）。

学生自主批改，教师行间巡视、指导、收集讲评信息。

4. 总结讲评，巩固达标

具体总结略，总结时突出几点：

①肯定部分同学的批改。

②指出"旁批"中存在的问题，重点突出其与"点评"的不同。

5. 课后交流，修改提高

课后将批改的作文本交作者，由作者参照"旁批"认真修改后完成"修改稿"。

作文批改"基本分奖减制"的初步构想与尝试

作文批改是作文教学中一个重要环节。它不仅要对学生的劳动做出客观公正的评价，更要能调动学生的写作兴趣，提高学生的写作能力。但是，通常的作文批改，只是对作文字词句等批改提出意见后进行评价和打一个总的分数，这样批改后的作文发到学生手中，学生大多是看一下分数，读一读评语，改正几个错别字便搁置在一旁。除了分数打得高、评语打得好的几个学生以外，大多数学生的写作兴趣还是不能通过这批改加以激发，也就谈不上借此促进学生作文能力的提高。因此，作文批改如何在更深的程度上达到调动学生写作兴趣、提高写作能力的目的，成为令广大语文老师头痛的一个问题。

"兴趣是最好的老师。"笔者在多年作文教学的实践中发现，大多数教师力图运用详批细改的方法来提高学生对作文批改的关注，但这些教师同样地感叹这样做费力不讨好。究其原因，我们发现，学生看作文批改，注意力更多地集中在分数的评判上。分数高，便能较热情地关注批改；分数低，则更多的不对评语感兴趣。是否可以在分数上作些文章，以调动学生的写作积极性呢？于是有的教师提出了打破作文不能得满分的限制的主张，在作文批改中多保留，多鼓励，充分肯定学生作文所取得的成绩，分数尽量往高拨。这些措施在一定程度上保护和激发了学生作文的积极性，但由于学生对作文如何能得到这样的分数不甚了解，因此，这种做法也不能达到最大限度地激发学生写作兴趣、提高写作能力的目的。

　　作文批改的过程，是教师对学生的劳动成果作出评判的过程。批改的过程中，我们不仅要让学生知道其缺点，而且要让学生明确这些优点和缺点给他的作文评判带来什么样的影响，而一分判定制使学生感觉到这分数的评价非常玄奥，再加上教师的一些主观因素，导致作文评分更是蒙上一层神秘面纱。"对科学无知的人，是不会对科学产生兴趣的。"同样的，不知道分数评判细则的学生又怎么会因这神秘的分数而激发起追求高分的兴趣？他们只知道写作，只知道完成任务，他们无法参与到对作文分数的评判，他们只能等待，等待着老师那宣判式的分数。因此，让学生参与制订一些明确的评分细则，并在每一篇作文批改中显示出得分失分详细情况，实在是充分发挥分数的激励作用，最大限度地通过批改调动学生写作积极性的良好措施。

　　基于以上认识，我们在实践中不断完善，逐步形成了作文批改"基本分奖减制"这一新的举措。

一、"基本分奖减制"的指导思想

　　撕开作文评分神秘的面纱，让学生参与分数的评判，培养和鼓励学生严谨治学、勤于积累、大胆创新的精神，最大限度地发挥分数的刺激作用，调动学生的写作兴趣，从而较快地提高写作能力；同时减少作文批改中的主观因素，给学生劳动成果以客观公正的评价。

二、"基本分奖减制"中"基本分"的概念界定

　　我们认为，"基本分"的理解不是指以某篇作文达到的基本标准而定的分数，而应该是一个相对稳定的，能反映作文基本要求达到后应当获得的一个分数。综合许多考试作文的评分标准，这"基本分"既不可能是第一类优秀作文分数，也不可能只是及格这一档次的分数。我们认为，学生作文只要能达到每次训练的基本要求，我们便要对他进行充分的肯定，在良好这一档次内记分。在实践中，我们发现，基本分定得太高或太低都不可能对学生作文作出客观公正的评判，以 80 分这个分数线作为基本分能较好地贯彻"基本分奖减制"的指导思想。

三、"基本分奖减制"的奖减细则

　　"基本分奖减制"的核心在量化作文评分细则，即在每篇作文获得 80 分

基本分前提下如何奖减，以使评分客观公正；同时使学生对自己得分失分情况一目了然，从而发挥这一评分方法的积极作用。在实践中，我们让学生充分参与，制订并公开了较为详细的评分量化细则，主要有以下几个方面：

（1）格式。作文格式是否正确。不正确的减5分。

（2）书写。卷面是否整洁。书写马虎潦草、卷面不整洁者，减1~5分；书写美观、卷面整洁的，奖1~3分。

（3）文字。是否有错别字。有错别字，在原文中标记，并在旁画"]"以待学生改正，每个错别字减1分，重复错的，该字减2分。

（4）标点。是否正确规范。不正确的，减2分；不规范的，该标点一处减1分，有多处则减2分。

（5）语言。①句子是否有毛病。凡病句，都在下面划上横线，并指出病因或修改意见，每一处病句减1~2分。②语言是否简练。凡重复啰嗦者酌情减1~5分。③语言是否具体、形象、生动。精彩词语，下面以红圈标记，每处奖1~3分；精彩语句，每处奖1~5分。④语言衔接、过渡是否自然，全文语言是否流畅。语病较多的，另减3~5分；衔接、过渡自然，语言流畅的，奖3~5分。

（6）材料。①选材是否围绕中心，酌情奖减1~5分。②选材是否符合生活真实，酌情奖减1~5分。③选材是否新颖、典型，酌情奖减1~5分。

（7）结构。①段落层次是否清晰。不清晰者，减1~5分。②段落过渡是否自然，酌情奖减1~5分。③开头、结尾是否照应，酌情奖减1~5分。

（8）中心。①中心是否正确，不正确的减3~5分。②中心是否集中、突出，酌情奖减1~5分。③中心是否有创见、有见地，奖3~5分。

（9）其他。如字数要求，每少100字减5分；如表达方式，不符合作文指导要求的，减5分，直至记0分；等等。

四、"基本分奖减制"的操作

"基本分奖减制"在操作过程中强调将每项奖减分数明确到作文卷面上，教师在批改过程中，随时在旁批栏中注明奖减分数。最后总评时，也根据"评分量化细则"对作文作出具体评价并同时奖减分数。在批改结束后在文章标题处以"基本分加奖减分等于最后得分"的形式出现，即"80+A−B=C"的形式（"A"为奖励分之和，"B"为扣减分之和，"C"为作文最后得分）。此方法在学生互批互改中更便于操作。

五、"基本分奖减制"作文批改法的优点

1. 目标明确

在进行作文训练时，可以更加具体地明确训练目标，并在目标的分数设置方面加大力度。如初中语文新教材第一次作文训练——"作文，精神产品的独创"，重点要求表现"独创精神"。以《我》为题，则要突出自己的与众不同之处，写出自己最有个性的方面。在写作之前明确告诉学生，文章中能否突出自己与众不同之处将奖减 1~5 分，学生在写作时便更加注意这一方面。还有作文训练的字数要求、时间要求、表达方式的要求等，我们都可以在每次训练时作为评分项目列入，促进学生有针对性地进行作文训练。

2. 要求具体

"基本分奖减制"对评分细则进行了量化，特别是"格式""书写""文字""标点""语言"等记分标准很细，有奖励、有扣减，这对促进学生严谨治学作风的培养大有好处。学生每一次作文都更加注意这些细小的方面力求不扣分，从而养成良好的写作习惯。同时，更加注意对语言的锤炼和积累，作文能不断朝着语言准确、通顺、简练、生动具体的方向发展。通过几年的努力，能较快地提高学生作文能力，特别是大面积促进学生作文能力的提高。

3. 评价客观公正

作文评分细则的量化与公开，能调动学生参与作文批改的积极性，能控制教师在作文批改中的主观因素，使作文的评价更加客观公正。实行"基本分奖减制"之后，学生更加关注作文批改，极大地调动了学生作文评改积极性。自改、自评、互改等活动自觉地开展了起来，促使作文评分更加客观公正。

4. 激励积累与创新

作文评分细则中有许多奖励分的设置，特别是对精彩词语、精彩语句的奖励分更能激励学生不断积累与锤炼语言。作文评改中特别注重对创新的奖励，能极大地激发学生的创造性思维，培养创新精神与创新能力。

总之，作文批改实行"基本分奖减制"以后，发下作业本，学生便开始关注批改情况，对扣减分及奖励分更加关注，自觉改正错误，对精彩语句也一再体会，并相互传阅，有的甚至进行反批，极大地调动了学生写作的积极性，日积月累，学生作文水平与写作能力得到较快的提高。尤为喜人的是，出现了人人争先的可贵局面。学生的写作兴趣大面积提高，真正使作文教学贯彻了"面向全体学生"的素质教育方针。

如何激发学生的写作兴趣

——谈初中作文指导课的教学

多年没有接触初中作文教学了，上周末接到劲松老师的邀请，要我和大家一起谈谈作文教学，又没给到我具体的题目，我想，我还能与大家谈点什么呢？

劲松老师给到了我一个向大家做的问卷调查。我仔细读过之后，想就大家关心的作文教学中"如何激发学生的写作兴趣"这个方面，与大家做一个交流。希望能对大家的作文教学有所借鉴和帮助。

写作是语文教学的重要部分，长期以来，很多学生都怕写作文，一听到写作文就喊头痛，有的说没东西可以写，有的说不懂怎样写，有的说达不到要求的字数，总是提不起写作的兴趣。这样一来，学生想要写好作文会有可能吗？

"兴趣是最好的老师"，这一点大家应该都是知道的。在语文教学活动中，如何激发学生的写作兴趣，是提高学生写作能力的关键。它可以打开感情的闸门，点燃灵感的火花，开拓思维的灵犀。只有学生对作文产生内在的兴趣时，他们才会积极主动地去研究、去探求，才会使他们产生强烈的动力，发挥聪明才智，进而养成良好的写作习惯，提高写作水平。

其实，如何提高写作兴趣，在座的老师都是有过很多探索甚至有自己独到的经验和方法的。我个人认为，想要提高学生的写作兴趣还真不是一件难事，如果说难，难就难在我们的老师懒得去培养学生写作的兴趣，或者以各种各样的理由推脱自己的责任，说哪有时间去培养他们的写作兴趣。总有些老师强调客观困难太多，而自己投入不够，这才是学生提不起写作兴趣的根本原因所在。大家说一说，学生写作兴趣不浓，那么你的写作兴趣又是不是浓厚呢？而一个没有写作兴趣的老师，又怎么能教出有浓厚写作兴趣的学生来呢？再看看我们身边那些对写作充满着浓厚兴趣的老师，他的学生是不是写作兴趣也要浓厚多了？

所以说，想要激发学生的写作兴趣，请你自己一定要保持浓厚的写作兴趣哦。

请你回忆一下：你自己已经有多久没有写过文章了？你自己的作文写得好吗？

正所谓：以己之昏昏，又如何能使学生昭昭呢？因此，问题最终还是出在我们自己身上。原来，只有使自己成为一个热爱写作的老师，才有可能让学生产生浓厚的写作兴趣，进而也成为一个个写作高手的啊。我很高兴的是，今天能有这么多老师参加工作坊的学习，我相信，大家都是我们初中语文教学的骨干老师，都愿意成为一个优秀的语文老师，有了这一个基础，下面我与大家分享的这些经验就一定能起到帮助作用了。

提高写作兴趣的方法太多，相信在座的老师都能说出个三四五六七八来，所以，我也不想老生常谈地和大家谈那些，我只想和大家分享自己或自己身边熟悉的老师们是如何激发学生写作兴趣的做法，相信这些做法是一定可以帮到大家的作文教学的。

首先，我想和大家说说一位老师。这是我在白田镇新苗中学教初中语文时的一位同事，在座的有来自白田镇的语文老师的话，也许听过这位老师的名字，他叫刘国良老师。我与他同事时，最佩服他的就是他的作文教学，每一次考试，他班上的语文成绩几乎都是最好的，每次作文竞赛，他班上的获奖人数总是最多，获奖等第总是最高。在他的学生中，爱上写作，写得一手好文章的人真的是好多好多。他成为了我教学生涯中影响非常大的一位身边的好语文老师。大家一定感兴趣，我说的这位老师到底是怎么教作文的啊。我那时也是带着你们这样的问题去观察他并向他学习的。经过一段时间的观察和学习，我终于知道他班上的学生写作兴趣为什么那么浓厚，为什么能写得一手好作文了。

这位刘老师最值得我学习的有这样两个方面。一是每学习一篇经典课文，他就布置作文，让学生仿写。这样一来，他班上的写作训练是全校最多的。也许你们会有疑惑，布置这么多作文，学生不会烦死这个老师吗？但结果偏偏是相反的，同学们不但不讨厌刘老师布置的写作任务，而且一个个都争着完成，这又是为什么呢？这就是刘老师最值得我学习的第二个方面。每次写完作文，当天晚上，最多两天，刘老师的作文批改就完成了，而且大多是密密麻麻地写满了老师的批语和修改文字。有的学生的作文，刘老师甚至做到了批改的文字比作文的字数还要多呢。你说，第二天或第三天，当学生拿到自己的作文本，看到作文本上那么多的评语和修改文字，学生写作的兴趣会不浓厚吗？

反观我们现在大部分语文老师的作文批改，试问又有谁做到了像刘老师这样的投入？个别老师改一个班的作文是不是十天半个月还改不完？是不是除了几篇稍详细一点的批改之外，大多数的学生作文除了分数日期和偶尔改正的几个错别字之外，什么批改的痕迹都见不到？我们站在学生的角度去想一想，面对这样的批改，能让我有兴趣继续投入写作吗？

我个人认为语文老师是"十年磨一剑"。在从事初中教学大约十来年以后，我对培养和激发学生的写作兴趣逐渐地有了些个人体会，后来慢慢总结出了自己的一套作文课堂教学的"模式"。这套作文课堂教学模式，是我构建的中学语文课堂教学"激导模式"的重要组成部分，至今对我的语文教学，特别是作文教学起着重要的指导作用。今天与大家分享，希望对各位初中语文骨干教师今后的作文教学有所启发。

我的课堂教学模式包括："激疑·导读"阅读课教学模式；"激情·导练"作文指导课教学模式；"激趣·导改"作文批改指导课教学模式。

下面与大家分享"激情·导练"作文指导课的基本内涵，并分享我多年前在省里赛课获得省一等奖的一堂作文教学设计。（略，见前）

这里，我个人认为，激起学生的写作情感，这实际上就是课堂上"激发学生写作兴趣"的重要一环。上面介绍的激发学生写作兴趣的方法或手段，重点在这三个方面：一是给学生教好经典名篇，让学生产生浓厚的模仿写作的兴趣，因为对于初中学生，模仿写作仍然是写作教学的重要形式；二是及时详批细改，使学生的作文完成信息及时得到高效率的反馈，这种反馈强烈促成写作兴趣的保持；三是课堂教学设计中教师要自始至终投入自己的激情，运用富于感染力的语言打动学生，同时可设置各种情境，运用多种教学手段，调动学生的情感积累，对学生的写作实践，以鼓励为主，保护学生写作的积极性。

我还想与大家分享我在初中作文教学中一次非常得意的教学活动。那是我在白田镇新苗中学带的最后一届学生参加《语文教学通讯》杂志上的一次全国作文比赛。我是这样设计作文教学活动的：先是指导班上成绩前几名的学生来当小老师，指导他们选择比较简单的诗文，设计教案，试教，然后由学生到班上当小老师给全班同学上新课。当时指导了四名同学备课试教，然后，选择试教效果最好的王丹同学到班上给同学们上《君子于役》这篇课文。由于指导到位，加上王丹同学非凡的驾驭能力，这堂课不出所料的非常成功，课堂教学效果特别好。课一上完，全班同学掌声雷动，经久不息。紧接着进入第二堂课，老师再未作任何指导就进入写作，同学们的写作兴趣一下子被激发出来，一堂课即有绝大部分的同学完成了高质量的作文。在老师适当指导修改之后，全班同学投稿近30篇参加这次全国作文比赛。不多久，结果公布出来，有王丹等三位同学的作文获得全国作文比赛一等奖，并在《语文教学通讯》特刊上发表。除了三个一等奖，还有近20名同学的作文获得全国二等奖，取得新苗中学有史以来参加全国性作文比赛最好的成绩。

通过这个案例我想告诉各位老师的就是，活动是学生写作的源泉。只要我们的活动设计得好，我们就可以充分调动起学生的写作兴趣，从而写出高质量的作文来。这样的写作活动的训练一多了，学生的写作水平自然就会得到较快的提升。

后来，我担任东山学校金凤文学社的指导老师，也做过一次很好的作文活动。那也是一次参加全国性作文比赛，为了获得生活化的作文素材，我设计了一个带领全体文学社员爬东台山的活动，登山之前，对学生进行了一次观察体验的作文指导，然后立即登山，登山下来，即在山下的一个山庄里头完成写作，利用吃饭的时间，几位老师进行评比，学生吃完饭后马上颁奖并朗读优秀作文。这一次作文活动也同样取得骄人的成绩。我们把评为优秀的作文寄到全国作文大赛办公室，几个月后结果出来，有一位同学获得全国三等奖，三位同学获得优秀奖。更为惊喜的是，我和4位获奖的同学受邀到湘潭大学文学院参加了这次颁奖大会，发现这次作文竞赛参赛的学校中只有8所中学，其余的参赛选手全部是全国各个高校的大学生。

有了这些成功的作文教学活动，我教作文特别重视活动设计。例如，我教散文《荷塘月色》，往往会让学生到东山书院去走上一圈，然后回来再写作文《书院漫步》。这样的写作教学往往都是极为成功的。因此，作文教学不是学生没有兴趣写，而实在是学生没有材料没有感受可写。而活动的设计或情境的创设就有助于解决这一问题，从而激发起学生的写作兴趣。

初中生写作，兴趣的因素占了很大一部分。其实，学生的写作兴趣最重要的是缘于老师的鼓励，而一个热爱写作的老师，自然会影响到他的学生，带动学生的写作兴趣。我感觉到，相对于老一辈教师，现在的年轻人少了老一辈那份对教学的热爱和对教学工作的投入，也是使自己很难调动起学生写作甚至于整个语文学习的兴趣的原因。只要你足够热爱语文，你就一定会有很多办法来调动和激发学生的写作兴趣。

下面，我就为大家谈谈平日里特别是初中教学中激发和培养学生写作兴趣的几种方法：

（1）坚持日记的写作检查和评比交流。应该说，所有的初中语文老师都是会要求学生写日记的，但是，如果学生写了日记，却没有老师的检查和评比的话，学生写日记的兴趣就会越来越淡，应付检查，并最终失去写作的兴趣。我在教初中的时候，每天必改的一项语文作业就是检查日记，遇到好的日记就在班级朗读交流，过一段时间来次日记评比，奖励一些小小的奖品。因此，我所教的学生写日记的习惯一直坚持得比较好。最突出的是在名民实验中学教初中的那三年，一个班上一个学期能写上厚厚的两本以上日记的同学不下十来个。我自己也坚持天天写，写了后还常常读给学生听，有时还打印张贴出来，与学生分享。那时，我担任重庆外国语学院下属中学老师创办的"写吧"的版主，天天在网上写日记，像后来我非常得意的《我家的狗儿》这篇文章，实际上就是在"写吧"上创作的三天的连续日记。正因为自己也写，还展示给学生读，学生写日记的兴趣一直都没有淡过。写得多的同学，差不多每天要写到 800 字以上的日记。这些同学的日记，为写作打下了很好的基础，同时也积累了很多的素材，锻炼了多种写作的样式，以至于这一届学生的中考作文，胡婧同学的作文《明媚的孤寂》获得了当年湘乡市中考满分作文，其他同学也大多获得不错的成绩。

（2）精心设计作文教案，上好作文指导课，教学生搭建写作支架，让学生不至于不知道如何动笔，最终凑字数，应付了事。初中作文指导课，最为重要的任务就是激发学生的写作兴趣，让学生有不吐不快的冲动，同时，必须教会他们搭建写作支架，构建作文的框架，从而进入有序的写作训练。有的老师担心这样会不会限制学生的思维发展，这绝对是多余的担心。初中学生，还不懂得如何写作，因此，写作教学最重要的就是引导学生"入门"。只有入了门，自由创作才会不失规矩。

（3）坚持写下水作文。我们自己的作文不一定会比所有学生都写得好，但是，我发现，坚持写下水作文的老师，他的学生的写作兴趣会比从不写下水作文的老师所教的学生的写作兴趣浓得多。所以，在很多时候，我都抽时间提前写，或者与学生同时写。如果我们做老师的自己不写，甚至不能写，可想而知，他所教的学生的写作兴趣是难被激发的。这个习惯我现在一直坚持得比较好，像每年高考作文题目一出来，我就写一篇下水作文，然后让自己的学生也写高考作文。有时还拿出自己的作文在班上让学生批改，提意见。

这样，学生的兴趣非常浓厚。在这种交流活动中，学生的写作兴趣自然也越来越高了。

（4）坚持鼓励学生，用各种方式让学生获得成功的喜悦，使学生把外在的压力变成内在的需求。具体的方式可以有评语鼓励、展示鼓励、推荐发表鼓励、讲评课上表扬鼓励……鼓励永远是学生兴趣来源的第一动力。

（5）开放民主教学之风，引导指导学生批改作文。我在名民实验中学执教期间，开展的作文课题实验，一个最重要的方法就是实行作文学生批改。"激趣·导改"作文批改指导课型和"基本分奖减制"的作文批改方法就是在那时实行的。当时，名民中学的作文本还是由我特别设计的专用作文本。

总之，学生，特别是初中学生，学习的动力更多的是源于兴趣，作文同样也是如此，当学生热爱你这个老师的时候，学生对你教的这门功课的兴趣就上来了。因此，今天这堂课，我也不过是把大家做过的一些有效激发兴趣的方法汇总起来而已，相信热爱语文教学的你，一定会有更多更好的方法来调动学生的写作兴趣，从而提高写作水平，进而提高学生的语文素养。

感谢大家的聆听！谢谢！

强化任务意识，用心锤炼语言

——新高考背景下情境任务驱动型作文第二轮强化复习建议

老师们，上午好！

感谢龙主任给我一个这么宝贵的机会，让我在这里与大家谈谈高考第二轮复习的话题。

在座的都是湘乡市语文教学的精英，担当高三语文教学的重任，在语文复习教学中都有着丰富的经验，刚才就有两位老师向我们介绍了宝贵的经验，我深受教育和启发。要我和大家谈一谈，算是班门弄斧，讲得不对或不好之处，希望各位同仁不吝指教！

讲话总得有一个主题。我今天讲的主题是"强化任务意识，用心锤炼语言——新高考背景下情境任务驱动型作文第二轮强化复习建议"，这是我对当下复习教学过程中作文教学的思考和体会，如果能对在座的各位老师有所启发和帮助，就是我的荣幸了。

下面我从三个方面来讲：一是新高考背景下情境任务驱动型作文的大趋势；二是经过一轮复习，当前高三学生作文的现状；三是第二轮复习中作文如何强化任务意识，用心锤炼语言。

一、新高考背景下情境任务驱动型作文的大趋势

《普通高中语文课程标准（2017年版）》在"学业水平考试与高考命题建议"部分明确指出："命题要以具体的情境为载体，以典型任务为主要内容。"任务驱动型作文正是在新材料作文的基础上增加了"任务指令"，在近几年的高考考场上颇为常见。这一命题方式可以避免考场上的"套作"问题，要求考生就事论事、具体分析和解决问题。

《中国高考评价体系说明》延续了2017年颁布的新课程标准中关于命题"以具体情境为载体"的指导原则，强调"在命制试题时，应根据考查的需要，注重选择生产生活中的真实案例""该类情境活动主要取自国际政治经济、党和国家政策改革、社会发展、历史事实、科技前沿等方面""紧密联系学生日常生活实际、国家发展和社会进步""在现实的问题情境中考查学生核心素养的发展水平"。情境任务驱动型作文一直是高考作文命题的热点。

下面我们以近几年部分高考作文真题及相关模拟题来看看命题趋势。

◎**2017年高考语文全国卷Ⅱ**

阅读下面的材料，根据要求写作。

①天行健，君子以自强不息。（《周易》）

②露从今夜白，月是故乡明。（杜甫）

③何须浅碧深红色，自是花中第一流。（李清照）

④受光于庭户见一堂，受光于天下照四方。（魏源）

⑤必须敢于正视，这才可望，敢想，敢说，敢做，敢当。（鲁迅）

⑥数风流人物，还看今朝。（毛泽东）

中国文化博大精深，无数名句化育后世。读了上面六句，你有怎样的感触与思考？请以其中两三句为基础确定立意，并合理引用，写一篇文章。要求自选角度，明确文体，自拟标题；不要套作，不得抄袭；不少于800字。

情境任务指令为对六句名言的感触与思考，要求合理引用其中两三句为基础确定立意。文体指令实质上是一个读后感。

◎**2018 年高考语文全国卷 I**

阅读下面的材料，根据要求写作。

2000 年农历庚辰龙年，人类迈进新千年，中国千万"世纪宝宝"出生。

2008 年汶川大地震。北京奥运会。

2013 年"天宫一号"首次太空授课。

公路"村村通"接近完成了；"精准扶贫"开始推动。

2017 年网民规模达 7.72 亿，互联网普及率超全球平均水平。

2018 年"世纪宝宝"长大成人。

……

2020 年全面建成小康社会。

2035 年基本实现社会主义现代化。

一代人有一代人的机遇和机缘、使命和挑战。你们与新世纪的中国一路同行、成长，和中国的新时代一起追梦、圆梦。以上材料触发了你怎样的联想和思考？请据此写一篇文章，想象它装进"时光瓶"留待 2035 年开启，给那时 18 岁的一代人阅读。

要求：选好角度，确定立意，明确文体，自拟标题；不要套作，不得抄袭，不得泄露个人信息；不少于 800 字。

情境任务指令为以上材料触发你怎样的联想和思考。文体指令为给 18 年后 18 岁的青年的一封信。

◎**2019 年高考语文全国卷 I 作文题**

阅读下面的材料，根据要求写作。

"民生在勤，勤则不匮"，劳动是财富的源泉，也是幸福的源泉。"夙兴夜寐，洒扫庭内"，热爱劳动是中华民族的优秀传统，绵延至今。可是现实生活中，也有一些同学不理解劳动，不愿意劳动。有的说："我们学习这么忙，劳动太占时间了！"有的说："科技进步这么快，劳动的事，以后可以交给人工智能啊！"也有的说："劳动这么苦，这么累，干吗非得自己干？花点钱让别人去做好了！"此外，我们身边也还有着一些不尊重劳动的现象。

这引起了人们的深思。

请结合材料内容，面向本校（统称"复兴中学"）同学写一篇演讲稿，倡议大家"热爱劳动，从我做起"，体现你的认识与思考，并提出希望与建议。要求：自拟标题，自选角度，确定立意；不要套作，不得抄袭；不得泄露个人信息；不少于 800 字。

情境任务指令为倡议大家"热爱劳动，从我做起"，体现你的认识与思考，并提出希望与建议。文体指令为演讲稿。

◎2019 **年高考语文全国卷** II

阅读下面的材料，根据要求写作。

1919 年，民族危亡之际，中国青年学生掀起了一场彻底反帝反封建的伟大爱国革命运动。1949 年，中国人从此站立起来了！新中国青年投身于祖国建设的新征程。1979 年，"科学的春天"生机勃勃，莘莘学子胸怀报国之志，汇入改革开放的时代洪流。2019 年，青春中国凯歌前行，新时代青年奋勇接棒，宣誓"强国有我"。2049 年，中华民族实现伟大复兴，中国青年接续奋斗……

请从下列任务中任选一个，以青年学生当事人的身份完成写作。

①1919 年 5 月 4 日，在学生集会上的演讲稿。

②1949 年 10 月 1 日，参加开国大典庆祝游行后写给家人的信。

③1979 年 9 月 15 日，参加新生开学典礼后写给同学的信。

④2019 年 4 月 30 日，收看"纪念五四运动 100 周年大会"后的观后感。

⑤2049 年 9 月 30 日，写给某位"百年中国功勋人物"的国庆节慰问信。

要求：结合材料，自选角度，确定立意；切合身份，贴合背景；符合文体特征；不要套作，不得抄袭；不得泄露个人信息；不少于 800 字。

本题为任务驱动型作文，材料中创设了具体的写作情境，并给出了五个不同的写作任务，且其写作身份都为"青年学生当事人"。

任务①的内容指令为演讲的内容，文体指令为演讲稿。

任务②的内容指令为参加开国大典庆祝游行后的感受与思考，文体指令为书信。

任务③的内容指令为参加新生开学典礼后的感受与思考，文体指令为书信。

任务④的内容指令为收看"纪念五四运动 100 周年大会"后的感受，文体指令为观后感。

任务⑤的内容指令为对某位"百年中国功勋人物"的慰问，文体指令为慰问信。

◎2020 年高考语文全国卷 Ⅰ

阅读下面的材料，根据要求写作。

春秋时期，齐国的公子纠与公子小白争夺君位，管仲和鲍叔分别辅助他们。管仲带兵阻击小白，用箭射中他的衣带钩，小白装死逃脱。后来小白即位为君，史称齐桓公。鲍叔对桓公说，要想成就霸王之业，非管仲不可。于是桓公重用管仲，鲍叔甘居其下，终成一代霸业。后人称颂齐桓公九合诸侯、一匡天下，为"春秋五霸"之首。孔子说："桓公九合诸侯，不以兵车，管仲之力也。"司马迁说："天下不多（称赞）管仲之贤而多鲍叔能知人也。"

班级计划举行读书会，围绕上述材料展开讨论。齐桓公、管仲和鲍叔三人，你对哪个感触最深？请结合你的感受和思考写一篇发言稿。

要求：结合材料，选好角度，确定立意，明确文体，自拟标题；不要套作，不得抄袭；不得泄露个人信息；不少于 800 字。

情境任务指令为班级读书会上谈谈自己对三个人中的哪个感触最深。文体指令为发言稿。

◎2020 年高考语文新高考卷 Ⅰ

阅读下面的材料，根据要求写作。

面对突发的新冠肺炎疫情，国家坚持人民至上、生命至上，果断采取防控措施，全国人民紧急行动。

人们居家隔离，取消出访和聚会；娱乐、体育场所关闭；政务服务网上办理；学校开学有序推迟；公共服务场所设置安全"一米线"。防疫拉开了人们的距离。

城乡社区干部、志愿者站岗值守，防疫消杀，送菜购药，缓解燃眉之急；医学专家实时在线，科学指导，增强抗疫信心；快递员顶风冒雨，在城市乡村奔波；司机夜以继日，保障物资运输；教师坚守岗位，网上传道授业；新闻工作者深入一线，传递温情和力量。抗疫密切了人们的联系。

请综合以上材料，以"疫情中的距离与联系"为主题，写一篇文章。

要求：选准角度，确定立意，明确文体，自拟标题；不要套作，不得抄袭；不得泄露个人信息；不少于 800 字。

情境任务指令要求围绕"疫情中的联系与距离"这一主题，结合材料写作。文体指令为主题征文。

◎**新高考八省联考语文卷作文题**

阅读下面的材料，根据要求写作。

1950 年，新中国刚刚成立，百废待兴。朝鲜战争的战火烧到鸭绿江边，国家安全面临严重威胁。危急关头，在极不对称、极为艰难的条件下，中国人民奋起抗美援朝，保家卫国。先后有 290 余万志愿军将士赴朝参战，19 万 7 千多名英雄儿女献出宝贵生命，涌现出杨根思、黄继光、邱少云等 30 多万名英雄功臣。中华大地，万众一心，支援前线。历时一年的捐献武器运动，募得的捐款可购买 3700 多架战斗机。两年零 9 个月艰苦卓绝的浴血奋战，拼来了山河无恙、家国安宁，稳定了朝鲜半岛局势，维护了亚洲与世界和平。伟大的抗美援朝精神一直激励着中国人民。

校团委举行"铭记历史，迎接挑战"的主题征文活动。请结合上述材料写一篇文章，说说你的感受与思考。

要求：选好角度，确定立意，自拟标题；不得抄袭；不得泄露个人信息；不少于 800 字。

情境任务指令为围绕"铭记历史，迎接挑战"的主题，结合材料谈自己的感受与思考。文体指令为主题征文。

◎**河北衡水中学 2021 届高三全国第二次联考语文卷作文题**

23. 阅读下面的材料，根据要求写作。（60 分）

当年的"80 后"曾被贴上"叛逆的一代""襁褓青年"等负面标签；后来的"90 后"也被扣上了"问题一代""月光族"等帽子；眼下的"00 后"作为首批独二代，也被有些人称为"网络原住民""二次元世代"等。

2008 年汶川发生特大地震，20 万志愿者队伍中近半数是"80 后"，他们用爱国担当、无私奉献、忘我工作重塑了人们对"80 后"的看法和信心；2020 年的新冠肺炎疫情防控斗争中，一大批"90 后"加入援鄂队伍，奋战在疫情防控救治第一线，不畏艰险、舍生忘死、冲锋在前，收获了众多好评；不久的将来，"00"后就要走上属于他们的时代舞台，相信他们也会以实际行动担起历史重任，重塑自身形象。

展望未来，我国青年一代必将大有可为，也必将大有作为，这是"长江后浪推前浪"的历史规律，也是"一代更比一代强"的青春责任。

在培文中学举行的成人仪式上，你作为学生代表发言。请结合材料，联系自身实际，完成这篇发言稿，表达"00 后"青年的认识和思考。

要求：选准角度，确定立意，明确文体，自拟标题；不要套作，不得抄袭；不得泄露个人信息；不少于800字。

情境任务指令为在成人仪式上，结合材料，联系自身实际，表达"00后"青年的认识和思考。文体指令为发言稿。

总之，情境任务驱动型作文题这种命题趋势在座的各位老师都已是了然于胸，我这里就不再赘述了。

二、经过一轮复习，当前高三学生作文的现状分析

到这个时候，高考一轮复习已经完成，学生的语文成绩，特别是作文成绩怎么样呢？有没有明显的提高？在座的各位老师都十分清楚。八省联考的成绩至今没有公布，那最近一次的衡水中学全国联考成绩应该是可以说明些问题的。

让我们先来看看这次作文评分细则吧。

切入分：45分。

一类文：60—54（15%）同时满足以下四点。

（1）高质量完成题目给定的任务，符合作文各项要求。

（2）思想内容深刻。对观点的分析透彻、有深度，论证充分、有力；素材使用和名言引用规范、恰当，能有力证明观点。

（3）表达形式好。结构清晰，层次分明，采取递进或并列关系，有恰当的衔接与过渡。语言流畅，文采斐然，说服力强。

（4）有亮点。①深刻——挖掘本质，找到内在联系，具有启发性；②丰富——材料足，论据足；③有文采——用词贴切，句式灵活，善用修辞，文句有表现力；④有创意——见解新颖，材料新鲜，构思新巧，推理想象有独到之处，有个性特征。

从上面这个评分细则看，能否"高质量完成题目给定的任务，符合作文各项要求"显然是最为重要的。我所任教的班级这次考试作文平均分为43.57分，相比前几次考试成绩，平均分确有提高，但这显然与这次作文评分标准切入分相对较高也是有关系的。平时考试阅卷，切入分一般控制在42分、43分的样子，班级平均分一般在41分多一点。这样看来，作文分数的提升实质上只是因为作文评分相对宽松了一些的缘故。可以说，绝大部分老师都会和我有同样的认识。由此可见，经过一轮复习，学生作文水平的提升并不明显，这是一个不争的事实。

然而，看一看评分标准，对照大部分学生作文的实际，我们发现，只要是能高质量完成题目给定的任务，语言稍有文采，作文获取高分并不是难事。这就给我们第二轮复习指明了方向——加强任务意识，用心锤炼语言。只要我们训练学生在"任务意识"和"文采意识"这两方面到位了，高考作文取得高分是必然的。

因此，在高考第二轮复习的作文复习中，把重点放在这两个方面，感觉还是有些效果的。

三、第二轮复习中作文如何强化任务意识，用心锤炼语言

强化任务意识，实际上是强化审题训练，但是我今天所讲的不是第一轮复习中的审题训练的重复，而应该是以训练语言为突破口，加强语言的任务意识、读者意识、交流意识。把思维训练落实到具体的语言锤炼中，加强修改指导课，通过作文升格指导，指导学生自己修改作文语言，达到文采与思想齐飞、语言和任务一致的目的。

（一）情境任务驱动型作文的特征

任务驱动型作文题主要由核心材料语、任务驱动语和常规要求这几部分构成。这一题型主要有以下三个特征：

1. 情境化

任务驱动型材料作文所给的材料往往创设特定的情境，能够真实、即时地检阅考生面对社会热点、现象时交际和解决问题的能力，考生一定要将自己代入这个特定的情境中去写作。

如 2018 年高考全国卷 I 作文题"'世纪宝宝'中国梦"，要正当 18 岁的考生们在高考考场上完成一次跨时空"对话"——以"世纪宝宝"的身份，写封信给 2035 年 18 岁的那代人。

又如衡水中学全国第二次联考卷作文题"'00 后'的担当"——在培文中学举行的成人仪式上，你作为学生代表发言，既要结合材料，又要联系自身实际，来完成这篇发言稿，表达"00 后"青年的认识和思考。

2. 指令性

任务驱动型材料作文对写作者的身份、写作对象、写作背景、写作文体等都有明确的限定。如 2019 年高考全国卷 II 作文题"青春接棒，强国有我"，考生在写作这个题目时，要"以青年学生当事人的身份完成写作"，这是身份指令；题目给出了五个任务，每个任务都有明确的文体限制，有演讲

稿、书信、观后感、慰问信，这是文体指令；任务中还明确了文章是写给谁的，这是对象指令。这要求学生必须明确自己在文章中的身份，明确自己文章的读者对象，明确作文特殊的文体要求……

3. **思辨性**

任务驱动型材料作文中的多个人物、角度或看法呈现出多重的相对、相反或递进、因果等关系，需要考生辩证思考、多角度思考、多层次论证。

任务驱动型作文题的这些特征往往为学生所忽视，这是学生作文即使有了一点文采，分数仍上不去的重要原因。因此，在第二轮复习中进行作文训练的时候有必要加强任务意识的训练。

（二）情境任务驱动型作文加强任务意识，用心锤炼语言的做法

具体如何做呢？我想从这样几个方面给大家点建议：

（1）每周定时开设作文课。每个星期带上周末补课，一般有八节语文课，拿出两节课来讲作文是完全必要的。我自己一直这样坚持了下来。上个学期固定将星期四的两节连上的课作为作文课。这个学期则是利用星期天两节课来进行作文训练。

（2）在第二轮复习的作文课除了审题指导课，更应该开设"作文升格指导课"。如果我们不能进行作文升格指导，让学生把时间花在作文修改上，那学生写作水平的提高始终会是一句空话。因为"文从改中出"嘛。在平时的作文教学中，也许大家都会通过多种途径使学生明白自己作文的问题，也会拿班上的优秀作文给学生学习，但我认为始终不如指导学生具体一段一段地修改自己的作文。只有经过了这样扎实的语言扣题训练，学生的作文水平才会有一个真正的突破。

（3）我以自己执教的一堂作文升格指导课为例，和大家谈谈如何指导学生在作文修改中强化任务意识，用心锤炼语言。

这次写作采用的是广东2021届高三语文一模考试作文题：

阅读下面的材料，根据要求写作。

当前正处于一个"信息碎片化"时代。阅读各种各样的碎片信息，成了很多人的日常行为，而传统意义上的整本书阅读，似乎日渐淡出他们的生活。关于读书，古有"三日不读书，便觉语言无味，面目可憎"的劝读良言，今有"一个人的精神发育史就是他的阅读史"的读书呐喊，而西方也有"读一本好书，就是与许多高尚的人谈话"的传世箴言。

校刊《奋斗》举办"毕业寄语"征稿活动，请结合上述材料，并联系自己读过的一本书写一篇文章，向高一高二的学弟学妹们，谈谈你的感受与思考。

要求：选好角度，确定立意，自拟标题；不要套作，不得抄袭；不得泄露个人信息；不少于800字。

为了指导学生写好这篇情境任务驱动型作文，我用了差不多一节课的时间对学生进行了审题指导。大家可以看看我指导审题的课件，课堂上从"审材料""审情境任务"两个方面进行了具体而微的指导：

（1）审材料

作文材料有两层意思，第一层指出"信息碎片化"时代背景下，整本书阅读状况堪忧；第二层引用古今中外的三则读书名言，强调了读书（读整本书）的重要价值。材料突出了"整本书"这一读书问题，而不是泛指一般的碎片化阅读问题。

（2）审情境任务

题目设置了写作情境，布置了多重具体任务。

①写作身份是高三毕业生，也就是学校的学长，在面临毕业的关头，表达自己的所思所想。行文应吻合高三毕业生的身份特点，体现出"毕业"的相关信息。

②写作对象是高一高二的学弟学妹们，他们入校时间相对短，需要对高中学习生涯进行规划、设计，"我"要给他们送上劝勉、激励、祝福、期待、叮嘱、建议等。

③文章用途是向校刊《奋斗》"毕业寄语"征稿活动投稿，应体现出"毕业寄语"的特点。据《现代汉语词典》解释，寄语是指"传话；转告话语"。

④写作内容是结合材料内容和自己读过的"一本书"（非一篇文章，或某位作家），可以谈阅读这本书内容的启示，也可以谈阅读这本书的过程与方法的启示。行文时应出现具体的书名，且考虑受众对象，选择书籍的内容应积极向上。

⑤要求"谈谈读这本书的感受与思考"，更适合写成议论文，也可以穿插叙事或抒情。

总而言之，考生须围绕"读书（读整本书）"这一核心话题，给学弟学妹送上"毕业寄语"。

为了能让学生把写作训练的重心放到文采训练上，我还特意让学生以一位老师的下水作文题目《一本大书伴终生》为题来完成本次写作训练。

我满以为这次作文审题和拟题的问题都已解决，学生们应该会较高质量地完成，因为我的学生已经过我较长时间较多的作文训练，很多同学语言基本功都是非常不错的了。可作文收上来以后，结果还是发现许多同学的作文不能很好地完成情境任务的要求。

于是，我给学生以《紧扣任务，锤炼语言》为题，选择一位同学的作文为修改指导例文，上了一堂"作文升格指导课"。这堂课在座的有些老师在十天前东山学校教学开放日中已经听过，应该还有点印象吧。

现在我们可以一起来看看这篇病例作文：

（略。原文及点评、升格作文详见《紧扣任务，锤炼语言——"整本书阅读"作文升格指导》第四部分"成果展示，升格示范"）

课堂里，我先展示"病例作文"，和学生逐段点评分析，然后，把全班同学分成三个大组，每个大组选出两个同学主笔，分别修改这篇文章的"题记""开头"和"结尾"。针对学生修改进行指导之后，再展示自己对全篇升格后的示范文章。然后，抛出自己总结出来的一个口诀，让学生朗读思考。最后让学生根据课堂指导，仔细检查自己作文是否完成"情境任务"的要求，语言是否有文采，发现问题，一一修改，直到自己满意。

作文升格指导课的关键是老师要扎扎实实地批改每一篇作文，不但能选出优秀作文，更能选出一到两篇病例作文，并能细致地分析点评出"病因"，最好是能亲自下水，对全篇作文进行升格，这样下来，学生得到的收获才不会是零碎的。到了第二轮复习的关口，如果学生得到的收获还只是零碎的话，考场上是不可能写出真正优秀的作文的。

情境任务驱动型作文，从本质上来说，学生会更有话可写，八百字任务都完不成的状况已是越来越难见到了。但是，确实还有相当部分同学的作文，情境任务意识还不强，即使是作文功底相对好的同学，很多时候写着写着会忘记了题目给到的情境任务，导致作文评分的档次上不去。我在教学实践中发现，当前二轮复习作文教学中，很有必要加强情境任务意识的培养，而把紧扣任务来锤炼语言作为一个突破口是一个不错的选择。希望今天的这样一个分享能对大家有所受益。谢谢！

第 4 辑　教学设计

抓住关爱的震颤

——记家庭活动

一、教学目标

（1）指导学生有详有略地叙述家庭中的某次活动。

（2）侧重感觉家庭生活中的细节，抓住关爱的震颤，表现浓浓的亲情。

二、教学重点

从细节中感受亲情，运用细节描写表现亲情。

三、教学准备

制作多媒体课件。

四、教学方法

激情·导练法。

五、学具准备

湘教版作文教材，1000 字稿纸一页。

六、教学内容及步骤

（一）故事激情，聚焦细节

（1）谈话导入

灯片一：（略）配乐《烛光里的妈妈》

（2）明确目标

灯片二：

写作目标

①有详有略地叙述家庭中的某次活动。

②侧重感觉家庭生活中的细节，抓住关爱的震颤，表现浓浓的亲情。

（3）故事激情

故事：《冷酷的心》

（二）感受亲情，欣赏细节

（1）经典课文细节欣赏

灯片三：《背影》图片和朗诵音频

（2）作家作品细节欣赏

灯片四：

感人的细节：妈妈临终前，"叫我从枕头底下拿出一个小包来，打开一看，都是一丁点儿大的子儿，磨得是光了又光，赛象牙，可上头没字儿"。

（三）体味亲情，捕捉细节

逐一体味

灯片五：录像，生活镜头（一）

灯片六：录像，生活镜头（二）

灯片七：录像，生活镜头（三）

（四）表现亲情，描写细节

（1）指名口头作文，抓住细节，讲述亲情

（2）评点口头作文

（3）全班书面写作片断，描写细节，表现亲情

（4）当堂点评

（五）归纳总结，布置作文

课后作文：《永远的回忆》

设计人语

（1）学生记叙家庭活动，很难从平常的生活中找到感人的题材。这一方面是由于学生认为家庭活动太平常，以至于不能从日常的生活中感受到家庭成员之间的亲情；另一方面也是由于我们的指导往往忽视对学生情感的激发，以至学生在写作时很少有情感的投入。"文以情感人"，自己都没动情，可想

而知，写出来的文章是不可能打动人的。因此，本课时教学自始至终都注重对学生情感的激发。

（2）记叙家庭活动，学生最容易忽视的是生活中的细节，因此，写出来的文章枯燥乏味。本课时确定以"指导学生从细节中感受亲情，通过细节描写表现亲情"作为重点，让学生对家庭活动的记叙既有了更多的情感投入，也更多地注重了对细节的描写。指导写好细节，对丰富学生的情感、提高学生的语言表现力大有益处。

（3）作文来源于生活。"初中作文教学研究"课题的核心，即是要架起作文与生活的桥梁。为了使学生在写作时有生活，本课时运用多媒体教学手段的优势，利用名家名篇、名歌，充分激发学生的情感，并把生活中的几组镜头直接带入课堂，从而唤醒和调动学生的生活积累，最终达到情不自禁、跃跃欲试的状态，使口头作文和书面作文均能达到理想的效果。

（4）"激情·导练"教学方法是用自己构建的语文课堂教学模式——"激导模式"的理论指导作文教学而创新的一种教学方法。运用这种方法指导学生写作的课型也成了我们课题实验小组作文指导课的新课型。在写作指导课中，我们特别注重对学生情感的激发与写作方法的指导，以目标为中心、以激情为手段、以训练为主线，把"激发情感"与"指导练习"在课堂教学中完美地结合起来，以情促写，以写促情，收到了较好的教学效果。"激情·导练"作文指导新课型尚在探索、实验中，希望通过这次赛课能得到专家学者的教正。

2001 年 5 月

◎附：《抓住关爱的震颤》课堂教学用语设计

（赛课教案往往会简而精，为了上好一堂赛课，我个人常常会在精心设计的教案的基础上再设计这样一个"几乎可以照着念"的文本。虽然真正的课堂教学中，并不能也并不是照着这个念，但由于有了这样一个"脚本"，课堂教学的各种可能情况事先就有了充分的考虑，不至于出现"卡壳"现象，从而使课堂教学衔接非常自然连贯，课堂教学一环套一环，更能让人感受到课堂教学的完整性。特保留多年前的这个"文本"与大家分享。感觉到平时这么做过几次之后，再拿着教案去上课，课堂教学从容多了）

别匆忙，有信心，有激情。

抓住关爱的震颤

同学们，很高兴能和大家上一堂作文课，今天我们学习第三课。

谈话导入：

家庭，我们留下的活动最多，感受的亲情也最为真挚，记叙家庭活动，我们最有话可写。

但是，同学们写家庭生活的作文并不尽如人意，有的甚至写得枯燥乏味，这是什么原因呢？

这原因也许有很多方面，但一个重要的原因可能就是缺少感人的细节。今天这一课的课题告诉我们：记叙家庭活动关键在于"抓住关爱的震颤"。所谓"关爱的震颤"，就是指生活中令你感动的细节。抓住了感人的细节，写出了感人的细节，你的文章就会感动人，从而获得成功。

这一堂课，我们要达到这样的写作目标。

其中，我们学习的重点是从细节中感受亲情，通过细节描写表现亲情。

讲故事：

有一个很有名的、曾在我心底多次引起强烈震颤的细节，也是一个感人的小故事，不知大家有没有读到过或听说过，这个故事说的是：

每一次读到这个故事，我的心里总是不禁一颤。是什么打动了我的心呢？是细节，是母亲心脏开口说话的细节。（儿子杀死了母亲，用母亲的心脏作为彩礼去迎娶自己心爱的姑娘，母亲的心脏掉到了地上，说出的竟然还是关心儿子的话语："孩子，摔疼了吗？"）这是怎样的可怜天下父母心啊！正是这一细节，在人们心里引起了强烈的震颤。由此可见细节描写强烈的表现力和感染力。

著名作家，没有一个不重视细节的表现力，并且在作品中着力刻画细节的。朱自清先生的《背影》，大家还记得吗？给你留下印象最深的细节是什么？

现在我们一起来欣赏这一细节。

我们注意到，作者的父亲当时很胖，步履蹒跚，而买橘子要在站台爬上爬下，作者本来要去，可父亲不肯，一定要亲自去。当看到父亲艰难地爬上那边月台的背影时，作者流泪了，这是感动的泪呀！《背影》之所以写得如此感动人，就是因为它刻画了父亲的"背影"这一细节，让读者也为之感动。

我们的作文教材中选了作家阿城写小时候家庭生活的一篇文章——《妈妈给了我一副无字棋》，打开书第38页。

这篇文章写的是小时候的"我"爱上了下象棋，而妈妈不准"我"去学下棋，怕耽误了学习。在这篇作品里，作者着力刻画了一个感人的细节，这是他妈妈临死前的一个细节，大家看：

读到这里，又有谁的心不会为之一颤呢？就是平日里不让"我"下棋的妈妈，临死前留给"我"的却是一副没字儿的棋子，这一副没字儿的棋子，且让我们一起来看看吧：

这都是作者的妈妈捡人家的牙刷把给他磨的。"磨得是光了又光，赛象牙"。我手里拿的就是一粒这样的棋子，为了它，我磨了几个小时，手上一不小心还磨起了一个血泡，一副象棋，32颗棋子，你们想一想，他的妈妈又磨了多长时间，磨起了多少血泡才能"磨得光了又光，赛象牙"呢？这又怎能不让作者流泪呢？有了这样的细节，又怎能不让我们读者的心灵也为之一颤呢？

在家庭生活中，只要我们细心去感觉，就会发现：亲情，这人世间最真挚、最纯洁、最崇高、最美好的情感，都是通过一个个细节表现出来的。我们要通过记叙家庭活动来表现感人的亲情，就必须细心地去感觉家庭生活中的细节，捕捉到家庭成员的那一个眼神，那一个动作，那一刻的表情，那朴实而感人的一句话。

这里，我们摄取了一位同学家庭生活中一个小镜头，大家仔细观察，看看这里有怎样的细节最让人感动？

这位同学将这一个镜头记录了下来，大家看一看，她有没有捕捉到感人的细节？

对，这里，作者也捕捉到了细节，但是并不能让我们受感动，这是为什么呢？这是因为小作者还没有用心去感觉这些细节，只有用心去感觉，然后把这一细节细腻、真切、生动地刻画出来，才能让人受到感动。

大家看："爸爸一转身从茶几上拿来一个削了皮的苹果递到了我的手里。"（原句很平淡，这里"一转身"可见爸爸速度之快。"削了皮的"可见父亲对我关心的细致）"我会心一笑"与下文的"爸爸，您这是多少次给我递苹果了呢"一联系，可见爸爸平日里对"我"的关心和爱护。"抬头正与父亲四目相对"正是这"四目相对"，使我"心头一热"，使我感受到了亲情的温馨，从而增强了感人的力量。作者写妈妈，也增加了对细节的描写，如"妈妈快步从厨房走了出来""用刚擦去水的双手给我整了整衣襟"，这就比原文具体、细腻、真切、生动、感人得多了。

这里，我们还摄取了这位同学生活中的两个小镜头，认真观察，在自己家庭生活中是不是也有这样的细节？

这里摄取的是女儿放学回家时的一个镜头。一听说"今天好热呀"，爸爸帮她从背上摘下书包，妈妈则拿来毛巾递给她擦汗。虽然，生活中，我们要自己的事情自己做，但这里所体现出来的父母对子女的关爱之情却不能不令我们感动。

这里摄取的是女儿做作业时，妈妈轻轻地递上一杯牛奶的镜头，这母女的相视一笑，难道不是母亲对女儿无限疼爱和女儿对母亲无限感激的表现吗？这一杯热气腾腾的牛奶，难道只是一杯牛奶吗？

在我们家庭生活中，除了爸爸妈妈对我关爱的一些细节以外，还有很多细节可以让我们感受到亲情的温馨。如《金黄的大斗笠》通过雨中姐姐给弟弟送斗笠的细节表现了调皮友爱的姐弟情，如《散步》一文通过走大路还是走小路之争的细节表现了一家三代人的互敬互爱，等等。在你的家庭生活中，有什么让你难忘的细节，向大家说一说好吗？

（口头作文）

（评点、指导）

好，现在我们人人动笔，看一看谁写的细节最为生动、真切、感人？（点评）

通过这一堂课的学习，我们知道了记叙家庭活动，关键在于抓住关爱的震颤，写好感人的细节，通过细节描写来表现家庭成员之间的亲情。

课后，请同学们以《永远的回忆》为题，写一篇记叙家庭活动的文章，请特别注意对令你留下永远的回忆的细节进行浓墨重彩的刻画。写完后，读给家人或同学听听，请他们提提意见。

这节课上到这里，谢谢合作。

下课。

"审题和立意"教学设计

一、教学目标

(1) 理解"审题和立意"在作文实践中的重要作用。

(2) 学习"审题和立意"的方法技巧，指导写作实践。

二、教学重点

审题要准、立意求深。

三、教学课时

1 课时。

四、教学方法

激情·导练法。

五、教学内容及步骤

(一)呈现"病例"，激发兴趣

1. 出示灯片一

体 贴

吟罢"大江东去，浪淘尽，千古风流人物"，我注目脚下滚滚的东逝水，不禁困惑：人们为何总是对波的汹涌、浪的澎湃情有独钟，却无视岸的坚实与厚重。没有了岸，又哪来的江与河？其实，束缚是堤岸对江河永恒的体贴。

感叹"夕阳无限好，只是近黄昏"。黄昏就这样在夕阳的辉映下激发了诗人的无限幽思。没有了夕阳，黄昏就只是一片静，一片死寂的静。我们没有理由不感谢夕阳。我认为这就是夕阳对黄昏无言的体贴。

春风梳柳，夜雨润花。一阵和风掠过，送来几缕淡雅的清香。循香而去，一丛不知名的野花，开得分外娇娆。然而，没有了叶，花的世界难免单调与乏味。那么，衬托便是绿叶对红花无私的体贴。

心灵的罗盘迷失了方向，在经历失败的暴风雨之后。"人生不如意事常八九。看开点，日子就这样过吧。"朋友轻轻的一句话，使失落的心得到安慰。体贴就是一个关切的眼神，一句真诚的话语。

……

体贴是难以名状的感觉与心境。

2. 指名同学对上一篇文章进行评点

明确：本文结构合理，语言功底很不错；但是，总体上讲，构思不是太严密。具体表现在：（1）个别段落的内容不合乎题意的要求；（2）关于人生的看法显得消极，立意不高。

具体表现为：（1）既然题目为《体贴》，全文就应紧扣"体贴"二字进行构思。可是，第二段里作者写的夕阳与黄昏之间的关系基本上是统一的，不存在谁体贴谁的问题。（2）"看开点，日子就这样过吧"，这一类的话流露出来的思想是消极的，立意也就显得太低沉了一点。

（二）学习知识，掌握技巧

1. 如何审题

（1）学生认真阅读教材第二段至第九段，用笔划记知识要点。

（2）教师板书讲解明确：

审题的关键在于完整地理解题意，要看到题对文既有限制的一面，又有不加限制的一面。用一个比喻来形容，可以叫做"戴着镣铐跳舞"。有限制，不是坏事而是好事，可以用来规范立意和选材的大致范围，从而激活我们的写作动机和愿望，并迅速进入构思状态；不加限制，则又给我们以独出心裁、自由发挥的广大空间，为丰富文章内容创造了有利条件。这两个方面考虑得周密、细致，就不至于出现思路闭塞和文不对题的现象。

审题时应注意的主要之点有：

首先，要善于从限制中发现"自由的空间"。如"难忘的教诲"这个题目，虽限定写教诲，但并未限定写哪一个人对你的教诲，你甚至可以写一件事对你无言的教诲。而"难忘"一词的限制，反而可以启发你注意选材的严格与主题开掘的深度。

其次，要认真对待多重限制条件。限制条件有两个以上，就要仔细分析。

如"我的第一次野外生活",它要求写自己的生活经历,并且是野外生活的经历,还要求是第一次经历。如果注意了这样一些限制,就不会出错了。

第三,要把握题面上的重心,作细致而深入的思考,努力探究它的含义。像"我更喜欢这一幅漫画"这样的作文题目。命题者的意图是要让大家对所给的漫画加以比较、评论,从欣赏的角度说出自己喜欢其中一幅漫画的感受和理由。如果仅仅根据某一幅漫画的寓意提炼观点加以议论,就偏离了中心。本题的重心就在于一个"更"字。

此外,如果遇到材料作文(含"话题作文")之类的题型,则应仔细审视材料,反复研究命题意图,万万不可草率动笔。

2. 如何立意

(1)学生自读教材第十段至第十四段,划记知识要点。

(2)教师指导讲解明确:

有人说,立意居一篇文章之要津。要津,即是指关键的地方。唐代诗人杜牧认为:"凡为文以意为主,以气为辅,以辞采章句为之兵卫。"(《答庄充书》)评价文章可以有许多尺度,但决定文章质量高低、影响好坏的,主要是立意。好的立意,能给文章以灵魂,使文章活起来,从而富有感人的魅力。

立意讲究的是新颖和深刻。老生常谈,人云亦云,就会使读者生厌。"见人之所未见,发人之所未发",就会给人以教益。能从现象看到本质,由感性上升到理性,思想就会深刻。同时,立意要一以贯之,防止节外生枝蔓延开去;要和情结合起来,使文意更加鲜明。

(三)比较品析,学习技法

1. 比较修改以后的《体贴》一文与原文,体会审题和立意的要点

出示灯片二:

体　贴

吟罢"大江东去,浪淘尽,千古风流人物",我注目脚下滚滚的东逝水,不禁困惑:人们为何总是对波的汹涌、浪的澎湃情有独钟,却无视岸的坚实与厚重。没有了岸,又哪来的江与河?其实,束缚是堤岸对江河永恒的体贴。

感叹"落霞与孤鹜齐飞,秋水共长天一色"的绝妙,看那一抹暮色自地平线下缓缓漫溢,我不禁思索:为何总有那么多人只对似血的云霞有着别样的情愫,却漠视万里独征的孤鹜,至多将它作为陪衬之物?但,如果没有了那翱翔在云端的身影,那黄昏就只是一片静,一片死寂的静。可不可以这样

说，奉献是孤鹜对黄昏无言的体贴？

春风梳柳，夜雨润花。一阵和风掠过，送来几缕淡雅的清香。循香而去，一丛不知名的野花，开得分外娇娆。然而，没有了叶，花的世界难免单调与乏味。那么，衬托便是绿叶对红花无私的体贴。

心灵的罗盘迷失了方向，在经历失败的暴风雨之后。"乌云遮蔽使你看不到苍穹的光亮，但总该相信雨后必有晴天。如果你痛哭，也该相信有了泪水后的人生，才有水洗过的清明。"朋友轻轻的一句安慰，使失落的心再度振奋。体贴就是一个关切的眼神，一句真诚的话语。

归去，带着奋斗后的疲惫。那一刻，思念的泉是这般清冽；律动的心，再也无法平静。门前，是谁的那双枯手摆动着夸张的弧度？井边，忙忙碌碌中略显迟钝的又是谁的背影？满身的疲惫，顷刻，溶释在家的温馨中。体贴就是那一举手，一投足。

……

体贴是什么？是一种圣洁的纯，一种透彻的清。纯得如此晶亮，清得如此明晰。体贴是难以名状的感觉与心境。

2. 对照修改稿，教师指点

（略）

（四）审题练习，写作实践

题目：《我家附近》

（1）审题：本题限制了空间，"我家附近"，一般不超出城市居民区或农村中乡镇的范围。这看上去有一点让人摸不着头脑，但由于内容并没有限制，因此写作的题材是非常广泛的。如本地区的居民生活概况、特有的风情、建筑的格局等，都是可以写作的内容。同时，这样的题目也很容易写得很平淡，因此，要在写作上有点创意，如将文章写成一幅风景画或风俗画，能够从一个特定的角度反映出时代的风貌，使读者觉得有余味可寻。

（2）写作实践。（课后完成）

要求：700 字左右。

题好一半文

——话题作文拟题训练

一、教学目标

（1）了解话题作文，明确拟题要求。

（2）教授拟题方法，快速准确拟题。

（3）鼓励创新思维，力求脱颖而出。

二、教学重点

拟题方法。

三、教学对象

初三学生。

四、教学准备

制作多媒体课件。

五、教学方法

激情·导练法。

六、教学课时

1 课时。

七、教学内容及步骤

（一）导入新课

灯片一：

2000—2002 年中考作文题（略）

灯片二：

2003 年湘潭市中考模拟试卷作文题（略）

从以上的对比中，你能不能想到今年中考的作文很可能是以哪一种方式命题呢？（话题作文）

俗话说："不打无准备之仗"。"话题作文"这种命题形式和考试形式，自它出世以来就受到了各地命题制卷老师的青睐，我们不能不对这种作文进行写作训练。同学们，你们以前写过话题作文吗？你觉得在写作"话题作文"的过程中，首先碰到的问题是什么？（不知道拟一个什么题目好）

是的，大多数话题作文都是要学生自己拟题目的，而拟一个什么样的题目就成为了我们在写作"话题作文"时的一只"拦路虎"。

俗话说："题好一半文"。要想写好话题作文，拟好一个让阅卷老师"一见钟情"的作文题目，是至关重要的第一步。今天，我想就和大家一起探讨一下"话题作文"拟题的方法问题。

（二）明确目标

灯片三：

学习目标（略，见上）

（三）写作指导

1. 了解"话题作文"

问：有谁能说说什么是"话题作文"吗？

明确：所谓"话题"，就是谈话的中心，引发谈话的由头。"话题作文"，很自然的就是围绕某某话题进行写作了。因此"话题作文"是一种指明写作范围、启发思考、激活想象的崭新的作文命题形式和作文考试形式。

2. 话题作文的特点

灯片四：

话题作文的主要特点：（1）话题作文一定要有一个"话题"，大家围绕这个"话题"做文章。（2）话题作文只有"话题"而没有规定的题目，它方便我们在一定的范围内选自己最能写的内容写。（3）话题作文是"除诗歌外，文体不限"的作文，它方便我们运用最拿手的写法。（4）话题作文的"话题"只是一个引子，它不要求就话题本身进行引用，进行分析，进行利用，它需要从话题出发进行作文，只要与话题相关的作文，不论写什么，不论用什么样的方法写，不论选用什么样的体裁，都是符合题目要求的。总之，话题作文就是与某个"话题"相关的自选作文、自由作文。

正因为话题作文具有以上的特点，因此，话题作文不仅受到考官们的青睐，同时也深受同学们的欢迎。

3. 话题作文的拟题有哪些基本的要求

灯片五：

话题作文拟题的基本要求（略）

4. 举例分析话题作文拟题中存在的主要毛病

灯片六：

以"友情的力量"为话题拟题例析

（1）《心灵的烟花》《朋友的举动》《两个人的友情》《友情战胜一切》《她是谁》

（2）《友情的力量是无穷的》《力量因友情而伟大》《伟大的友情》《友情的力量不可阻挡》《人类伟大的力量》

（3）《力量》《友情》《关于友情的几个问题的探索》

（4）《人生难得几回搏》《团结就是力量》《朋友》《理解》

以上题目大多存在各种毛病，老师分析指出。

下面我们再来看一看让我非常喜欢的几个作文题目。

《友情的跑道》《友情的呼唤》《友谊，给我动力》《友情伴你人生路》《友情力量》《给乌云镶上金边》《这是为什么》《新龟兔赛跑》。这些题目，能给我带来一番美的感受，令我产生遐想，令我急于想读作品。由此看来，给话题作文拟一个好的标题，不仅为自己写作带来方便，而且还有助于在众多的作文中脱颖而出，获得评卷老师的青睐呢！

5. 学习拟题方法

灯片七：

拟题金钥匙

方法一：定文体，扬长避短。

以"朋友"为话题拟题为例。（略，见"课件"）

方法二：善补题，以小见大。

以"朋友"为话题拟题为例。（略，见"课件"）

方法三：妙修辞，匠心独运。

以"音乐"为话题拟题为例。（略，见"课件"）

方法四：巧点化，妙趣横生。

分别以"我""假日""同学"为话题拟题。（略，见"课件"）

方法五：新视角，别开生面。

示例略，见"课件"。

（四）拟题实践

灯片八：

明天——充满着希望。也许我们对明天有过无限的憧憬；也许我们对明天的事情有过种种设想；也许我们曾为美好的明天作过种种努力；也许我们对明天有着各自不同的理解；也许我们会对明天的科技发展产生无穷的遐想……请以"明天"为话题，自选角度，写一篇文章，除诗歌、戏剧外，文体不限，题目自拟。要求：（1）思想内容健康，有真情实感；（2）字数不少于700字。

学生拟题后交流，师生共同评点。

灯片九：

书，各种各样的书。书，寄托着人类热切的希望；书，蕴藉着人类丰富的感悟。提起书，会有说不完的话语……请以"书"为话题，写一篇文章，文体不限，自拟题目，不少于700字。

学生拟题后交流，师生共同评点。

（五）课堂总结

拟题的过程实际上就是一个审题的过程，就是立意的过程，就是选材构思的过程，因此，我们说"题好一半文"。通过这一堂课的学习，我们掌握了几种快速拟题的方法。通过训练，我们也知道，作文题目首先要准确、简明。此外，还应当在凝练、含蓄、新奇、优美上下功夫，力求使阅卷老师（考场作文的唯一读者）"一见钟情"。

（六）布置作业

请从以上两个话题作文中任选一题按要求写作。

学习写得深刻

——作文《我身边的套子》升格指导

一、教学目标

通过具体的学生作文分析，让学生明白、理解什么样的作文才是深刻的作文。认识"深刻"作为发展等级的要求，在写作过程中努力追求"深刻"。

通过作文的升格指导，让学生缘事析理，学习写得深刻的方法：以小见大、由表及里、比较鉴别、探究原因、预测未来……

通过这次作文指导课，使学生养成良好的写作习惯，提高学生写作能力。

二、教学方法

分析法、讨论法、示范法。

三、教学内容及步骤

（一）阅读分析，认识"深刻"

上周我们进行了必修五第一单元的"群文阅读"，之后要求同学们以《我身边的套子——必修五第一单元文学形象之批评》为题写一篇文艺随笔，读了一部分同学的作文，很少有读来让我心许的。刘果同学的这篇却让我眼前为之一亮，我想先与大家一起分享。大家掌声欢迎刘果同学把这篇作文读给全班同学听。

我身边的套子
——必修五第一单元文学形象之批评

C529　刘果

你一定认识这样一个人：他由于自我定位、社会认知等种种原因，一直压抑着自己，有形无形地给自己套上了一个又一个的套子。

所以（但是），你真正了解那些把自己装在套子里的人吗？

他也许就是林冲。那个看似性情豪爽、敢作敢为、冲动莽撞的人。可是，在地位这一"套子"下，这位敢爱敢恨的豪杰又成为了怎样一番模样呢？他逆来顺受，在面临着高太尉一次次刁难后，仍旧选择妥协与退让，保持着忍气吞声的姿态。在"套子"里，他变得软弱无能。

他也许就是别里科夫。那个从内里到外形都透露着保守的人。"千万别闹出什么乱子来"，对于一切稍有风险的新事物，他总是小心翼翼的，唯恐出现意料之外的事件。他极力想把自己的一切都藏在"套子"里，以免其受到一丁点儿的伤害。在"套子"里，他变得呆滞死板。

她也许就是翠翠。那个天真可爱而又害羞胆怯的女孩儿。或许，她也早已察觉到自己内心真正的想法，可是内心对自我的认知和自己与二老的差距似乎成为了她表达自己心意的阻碍，如鲠在喉。最终，翠翠也还是选择了沉默，而二老也以他的离开烫（写）下了句点。在"套子"里，她变得沉默压抑（静默忧伤）。

又或许，他们是菲利普夫妇。那对爱慕虚荣、冷酷无情的夫妻。在于勒寄钱回家里时，内心对于勒充满了赞扬，巴不得能让这位富可敌国的小叔子马上入住他们家。可当知道于勒只是一艘航船上买（卖）牡蛎的劳动者后，夫妻俩立刻神情严肃、脸色铁青，转身就走。在"套子"里，他们变得虚伪自私。

是的，"套子"使人们活成了不像自己的模样，变得虚与委蛇，变得强颜欢笑。然而，我们生活中也并不缺乏一些好的"套子"，在这些"套子"里，我们成为了更好的自己。

学生们在"套子"里认真学习，大人们在"套子"里努力工作。当然，还有很多基本的东西：行人在"套子"里安全过马路，病人在"套子"里有序等待看病……

这些"套子"无疑使我们的生活更有序，更精彩。这些"套子"也做到了让我们成为了一个个遵守秩序、勤奋努力，富有责任心的大写的人。

"套子"也不能一概而论。有的"套子"使人变得虚伪，而有的"套子"则使人变得优秀。面对"套子"我们应以中庸思想待之，择其善者而从之，其不善者而改之。

身边的"套子"许许多多，或许，在"套子"里也是人们的被迫无奈之举；又或许，在"套子"里，我们却也成了自己梦想过的样子。

但是，尽管这样，我还是很美慕那些"套子"套得少、套得恰如其分的人，因为，他们在这个复杂的世界里仍然有勇气做真实的自己，而且拥有着不打扰这个世界的温柔。

嘿，若你下次遇到你认识的那个"套子"多的人，别忘了轻轻对他说：套子千万个，做自己最酷。

同学们的掌声告诉我，你们也非常喜欢这篇文章，非常欣赏这篇文章，打心眼里佩服这篇文章的作者刘果同学对吧。还记不记得入学考试试卷分析中看到刘果在试卷上写的那几个字？（越来越不知道怎么才能写好作文了）呵呵，从这里是不是可以看出，你可一直都是写作的高手哦。

那请同学们分析一下，如果你是老师，你给这篇作文打多少分？给分的理由有哪些？

请两到三名学生发言。

（略）

想知道老师给这篇作文打了多少分吗？（52分）哇！是不是好高啊？是不是要高山仰止啊？是不是要望洋兴叹啊？呵呵，我告诉你们，老师虽然给这篇文章打了52分，一个几乎令全班同学都羡慕的分数，但今天我可不是拿这篇作文来向大家炫耀的。相反，老师是想通过这篇作文的分析和修改，让同学们知道，作文写成这样还远远不够，我们追求的是更高的目标。

那作文更高的目标是什么呢？大家请看：

（多媒体展示"高考作文评分细则"，略）（跳读，时间很短）

以上作文评分标准告诉我们，作文评分分为"基础等级"和"发展等级"。其中"基础等级"分"内容"和"表达"两个方面记分。说实在的，读到高二，面对一个作文题目，大家都能叙述得明白，道理也能讲清楚，但要分出个高下来，就要看是不是能够有些特点了。这就是要能在"发展等级"获得较高的分数。

"发展等级"分四个方面，分别是："深刻""丰富""有文采""有创意"。这是这个学期我们作文教学的主要内容，也是我们这个学期要学到的本领。大家有信心吗？

今天，我就是想通过刘果同学这篇作文的升格指导，教同学们学习作文如何写得深刻。

展示课题：缘事析理——学习写得深刻

那什么是深刻呢？"发展等级"评分标准已经写得十分明确，分以下三个方面：

①透过现象看本质。

②揭示事物内在的因果关系。

③观点具有启发作用。

（二）讨论交流，理解"深刻"

大家前后同学讨论一下，刘果同学的这篇作文称得上"深刻"吗？

学生讨论后交流发言。（指名两人发言）

（优点：事例丰富，文笔流畅，句式灵活，思维清晰，有一定的思辨色彩……不足的是思想不够深刻，后面部分有点牵强仓促，还略显肤浅稚嫩）

文章的深刻，其实就是作者思想的深刻，没有作者深刻的思想，当然也就无法谈到一篇文章的深刻。

因此，我们一定要开动我们的脑筋，用头脑来进行写作。在写作中把自己的思考清晰而深入地表达出来，从而使文章深刻起来。

（三）示范修改，学习"深刻"

现在我们回过头来，看看刘果同学这篇作文，怎么修改才能变得深刻起来呢？

请看老师的修改：

升格作文：

我身边的套子
——必修五第一单元文学形象之批评

原作者：刘果　指导老师：黄翼新

你一定认识这样一个人：他由于自我定位、社会认知等种种原因，一直压抑着自己，有形无形地给自己套上了一个又一个的套子。

他也许就是林冲。那个看似性情豪爽、敢作敢为、冲动莽撞的人。可是，在封建等级这一"套子"里，这位敢爱敢恨的豪杰又成为了怎样一番模样呢？他逆来顺受，在面临着高太尉一次次刁难后，仍旧选择妥协与退让，保持着忍气吞声的姿态。在"套子"里，他变得软弱无能。

他也许就是别里科夫。那个从内里到外形都透露着保守的人。"千万别闹出什么乱子来"，对于一切稍有风险的新事物，他总是小心翼翼的，惟恐出现意料之外的事件。他极力想把自己的一切都藏在"套子"里，以免其受到一丁点儿的伤害。在"套子"里，他变得呆滞死板。

她也许就是翠翠。那个天真可爱而又害羞胆怯的女孩儿。或许，她也早已察觉到自己内心真正的想法，可是内心对自我的认知和自己与二老的差距似乎成为了她表达自己心意的阻碍，如鲠在喉。最终，翠翠也还是选择了沉默，而二老也以他的离开写下了句点。在"套子"里，她变得静默忧伤。

又或许，他们是菲利普夫妇。那对爱慕虚荣、冷酷无情的夫妻。于勒寄钱回家里时，内心对于勒充满了赞扬，巴不得能让这位富可敌国的小叔子马上入住他们家。可当知道于勒只是一艘航船上卖牡蛎的劳动者后，夫妻俩立刻神情严肃、脸色铁青，转身就走。在"套子"里，他们变得虚伪自私。

这些文学形象，一个个身上都背负着这样那样的"套子"，这些"套子"，使他们精神上受到压抑，生活中畏手畏脚，不敢袒露自己内心的想法，甚至不敢去认自己至亲之人……

因为"套子"而失去自我，英雄一直活得那么窝囊；因为"套子"而担惊受怕，教师活成了人们的笑柄；因为"套子"而羞涩掩饰，少女没能拥有美满的爱情；因为"套子"而恐惧遮羞，兄弟竟已成了路人……

由此可见，我们必须勇敢地冲破束缚我们的"套子"，活出自己本来的模样。

可喜的是，林冲最终走出了反抗的道路，冲破了"套子"的束缚，虽然上梁山是一个"寇"，但在人们心中早已树起了自己英雄的形象。

生活中的我们，也有着不少的"套子"。确实有人因为"套子"的束缚，活成了不像自己的模样，变得虚与委蛇，变得强颜欢笑。但作为学生的我们，一定要正确认识身边的"套子"。因为我们身边的很多"套子"，无疑使我们的生活更有序、更精彩，更多的是使我们成了一个个遵守秩序、勤奋努力，富有责任心的大写的人。

当然，时代需要不断地创新和进步，这就必然需要我们冲破束缚自己手脚和思想的套子，大胆地追求自己的理想，做更真实的自己。

朋友，下次若你遇到你认识的那个"套子"多的人，别忘了轻轻对他说：套子千万个，做自己最酷。

附修改指导：

起笔不落俗套，直扣题目中"身边的套子"，语句富有交流感，原文保留。

原文中的第 2 段已被全部删去。原因是这一段完全是多余，没有它，1、3 段就连接很自然了，有了这一段，反而显得有点文气不畅。

原文第 3 段只改动了一个字："下"改为"里"，搭配更符合常理。

原文第 4 段未作修改，原文第 5 段，亦只将"烫"改为"写"，"沉默压抑"改为"静默忧伤"。这里主要是用词的准确性，我们在写作时，要努力去找到那个最准确的唯一的词汇，这样才能更符合所描述的对象的特征。

原文的 1、3、4、5、6 段是作者写作最成功的几个段落，因此几乎保留原貌，只将个别词语进行了修改。

对照原文，你是不是会发现从这一段开始，修改就很大了？

大家有没有注意到，原文从第 7 段开始，感觉已没有前面几段那样一气呵成，虽也不乏思辨色彩，但前后内容的衔接显得不那么顺畅？

升格后的作文，用一句"这些文学形象"，把上面描述的事例与下面的分析紧密结合起来，这种方法叫做"缘事析理"，也就是在上面描述事例之后，要紧接着进行分析，这样才能使议论变得深刻起来。

升格后的作文删掉了后面的"学生""大人"等事例，迅速转入到另一个方面——冲破套子，并继续以上文中林冲为例来与上文形成对比，这样，会使得文学批评更加深刻。

紧接着下一段回到"生活中的我们"，来照应题目"我身边的套子"。同样从正反两个方面进行论述。升格作文中尽量保留原文里精彩的语句。

大家可以特别关注升格作文中在结构上起重要作用的词句。

最后，也是基本保留作者的原作，以突出作者的观点。

读了升格作文，是不是觉得升格以后的作文比原作深刻起来了？

是怎么做到的呢？老师这里所用的方法就是"缘事析理"。刘果同学的原作，在叙述了几篇课文中的人物形象之后，没有就这几个人物形象进一步进行分析，从而导致后面所讲的道理虽也有可观之处，但与前面的材料联系并不紧密。我们很多同学写作文时也常犯这样的毛病。

那什么是缘事析理呢？缘事析理是指依据事例分析它所蕴含的道理。

那么，如何从客观事物中挖掘出深刻的道理呢？

前人的经验有很多，今天的课堂为大家介绍这样几种做法：以小见大、比较鉴别、探究因果、预测未来。具体方法大家可以多在学过的教材中、在今天示范的升格作文中去体会。

（四）布置作业，练习"深刻"

阅读下面的材料，根据要求写作。

前段时间，山东五莲县一中学老师因体罚学生，被罚不再签订聘用合同并被纳入信用"黑名单"事件闹得沸沸扬扬，一些人在为这位教师鸣不平的时候，也有人说体罚学生该罚。陕西宝鸡 2 名学生与男老师在课堂上发生争执，放学后双方口角，2 名学生疯狂暴打教师。这些都使得一些教师不敢随意管学生，怕一个不小心招来横祸。

近日，中共中央、国务院印发的《关于深化教育教学改革全面提高义务教育质量的意见》，提出了要制定实施细则，明确教师教育惩戒权。对此，教育部基础教育司司长吕玉刚表示，正在研究教师惩戒权的实施细则，将尽快出台。

读了上述材料，你有怎样的感触和思考？要求选好角度，确定立意，明确文体，自拟标题，不要套作，不得抄袭，不少于 800 字。

紧扣任务，锤炼语言

——"整本书阅读"作文升格指导

一、教学目标

（1）针对学生作文实际，重点指导解决扣题不实的问题。

（2）通过作文升格指导，教会学生通过锤炼语言来完成情境任务写作，力争获取高分。

二、教学课型

讲评修改课。

三、教学模式

激导式（激趣·导改）。

四、教学课时

1 课时。

五、教学准备

制作学案，完成课件制作，写好升格示范作文，作文纸若干张

六、教学内容及步骤

（一）设置情境，导入新课

"读一本好书，就是与许多高尚的人谈话。"信息碎片化时代，你有多久没有读过一本大部头的书籍了呢？早几天，要同学们为校刊《奋斗》写一篇征文，跟学弟学妹们谈谈整本书阅读的感受与思考，你觉得自己的征文稿写得怎样？如果你是《奋斗》的编辑，收到了下面这样两篇征文，你会选哪一篇入校刊呢？说说你选用的理由好吗？如果要你给两篇征文打个分数，你分别给多少分？

（作文略，详见"学案"）

（二）畅谈理由，明确标准

教师视学生选文理由相机指导。最终统一认识：

相比之下，学生乙的这篇征文入选理由更为充分。文章以自己阅读《三国演义》的体验，并通过对比具体而微地表现了整本书阅读带来的独特魅力，语言充满诗意，富有感染力。而学生甲的征文就显得空洞，语言更是缺少文气，有的甚至颇有些生硬。

展示老师评分结果：甲文 44 分；乙文 50 分。

（三）问题激趣，动手修改

问：大家是不是很希望自己的考场作文也能有 50 分甚至更高的分数？而我们的分数是不是经常在 42～44 分之间上下浮动？如果让你来给这篇 44 分的作文作修改，你认为提分的关键在哪里？

明确：紧扣任务，语言精妙。

师：对，新高考的作文大多是情境任务驱动型作文，因此，一篇作文能否得高分的关键就在于，能否紧扣情境任务进行写作，语言是否有文采。

学生活动：文从改中出，现在我们一起行动起来，帮助甲同学修改这篇作文，争取也能达到入选校刊的水平，好吗？

分组修改：

任务：第一、二组修改"题记"，完成题记突出主题的任务；第三、四组修改开头第一、二段，完成情境任务中的"写作身份""写作对象""文章用途"的任务；第五、六组修改结尾段，紧扣情境任务之"寄语"，强调整本书阅读的好处。（每小组推荐1人主笔，然后比较、推荐一人成果展示）

（四）成果展示，升格示范

分别展示作文修改成果，其他组的代表点评。

老师展示升格作文，学生阅读点评。

原文（含点评）：

一本大书伴终生
学生甲

读一本大书，才算是捕捉的经历；没有阅读过一本大书，人生也就相当于什么都没有经历。——题记

（点评：题记第一句即是一个病句，整个内容也并不是很切合"要重视整本书阅读"这一主题）

一本大书伴终生，可谓是读一本好书，会让人受益终生。若我们能多领悟一分美，人生也就明亮一分，快慰一分。（点评："大书"与"好书"是不同的概念，由于这概念一偷换，使"整本书阅读"变成了要读一本"好书"了。这样的开头并没有紧扣材料任务的要求）

在"信息碎片化"的时代，能读一本大书是件难事，能读好一本大书却更难，但若我们真能读好一本书，我们的精神将得到升华。（点评：第二段强调的是"读好一本大书"，这样就进一步脱离"整本书阅读"了）

我曾对有一本书爱不释手，不知道高一高二的学弟学妹是否有和我一样的感受。《老人与海》是海明威的代表作之一，同样是我喜爱的一本书。（点评：这段指向了情境任务"给学弟学妹们的寄语"，但引向的并不是整本书阅读的感受，而是对《老人与海》这一本书阅读的感受）

阅读《老人与海》，是它教会我：你尽可以被消灭，但你永远不可能被打败。阅读《老人与海》，是它让我懂得人性的光辉。老人与鱼的斗争，是他不屈服的象征。每每我阅读它，内心热血澎湃。在生活的点点滴滴里，它的精神一直在默默地支持着我。考场的失利，是它让我重拾信心；生活的不

畅，是它让我坚持不懈；危难的到来，是它告诉我无所畏惧，一往直前。（点评：这里谈《老人与海》的阅读体验，可读者并不能感受到这是你阅读了《老人与海》整本书的体验。这文中的段落最要紧的就是一个"实"字，只有把自己真正的阅读体验很实在地分享出来，才有可能打动读者，激发起学弟学妹们整本书阅读的兴趣。这一段算是比较有文采的一个段落，但由于缺少了整本书阅读的具体体验，使这一段并没有强烈的感染力）

确实，一本大书伴终生。但有人说读那么多的书有用吗？高考又不考。还不如多刷一道题，多背一个知识点。

面对这样的人，我想问一句："你认真读过一本书吗？有把它读完吗？你从中又感悟到什么？"（点评：这两段指向了情境任务中与学弟学妹们的对话，但语言略显生硬，连续地发问，也并不能提升语言的力度）

读书是一件享受的事情，读书是两个灵魂之前的碰撞，是作者与读者倾心交谈的途径。同样读书是一个需要时间的过程，它需要"慢慢走欣赏啊"的耐心，它需要全身投入的真心，它需要你对阅读本身的热心。

怎么样去阅读？古人云："书读百遍，其义自见。"感受一本大书的温度，避免碎片化阅读。在"碎片化信息时代"用碎片的时间去阅读。身处高一高二的你们仍有许许多多的碎片时间，午后的休息，睡前的品味都是不错的选择。（点评：如果能把上面几段重组，在写实整本书阅读体验的基础上再落实情境任务中与学弟学妹的交流，这样的寄语才会更有力度）

行动起来吧！在书的海洋里扬帆起航，与高尚的人来一次对话。让饥渴的内心得到充满。让一本大书伴随你的一生吧！（点评：结尾段有号召，祈使句的使用似乎比较有力度，而细读之下，却显得有些远离"整本书阅读"这一中心。如"在书的海洋里""让一本大书伴随你的一生"这些句子，都没有扣紧写作情境任务中的"整本书阅读"）

示范升格：

一本大书伴终生
黄翼新

碎片信息阅读忙，

回头细想心内空。

要想阅读收效好，

一本大书伴终生。

——题记

信息碎片化，开启了全民阅读的新时代。只要有个智能手机，只要能连上网络，就可见到在阅读的人们。而作为中学生的我们，各种碎片化信息也占据了阅读的时间，即使是教材推荐的名著，也以读读"名著导读"为满足，不肯花时间整本整本地去啃大部头原著。结果却是，看似读了很多的书，却没有一本能真正激荡你的内心，回味起来茫茫一片，不知所云。

亲爱的学弟学妹们，让我们远离碎片化阅读，捧起那一本本大部头原著，用名著的文字来涵养我们的性灵，化育我们的心泉，去除内心的浮躁，获取诗意的人生。

或许你会说，学习任务这么重，哪有时间读那大部头的原著啊，现在有那么多缩略版的也可以读啊。

学弟学妹们，我要很明确地告诉你：这种想法是非常幼稚可笑的。

就拿我阅读《老人与海》的体验与你分享吧。在读《老人与海》整本书之前，我通过教材了解了它，还读过若干《老人与海》的相关文字，那句"你尽可以消灭他，可就是打不败他"似乎也留在了我记忆的深处。然而，我仅仅是把它作为一句名言谨记，内心并没有那种激荡的情怀。后来，我从书店里买到了《老人与海》，我贪婪地阅读着一行行文字，随着这位老人一起出海，看着这位老人与那条特大的马林鱼斗智斗勇，感受着老人的鱼获被鲨鱼掠夺，与老人一起跟源源不断的鲨鱼搏斗……这时，读到"一个人并不是生来要给打败的。你尽可以消灭他，可就是打不败他"这一句，内心里不禁一震，那种强烈的震撼哪里是以前那些碎片化信息阅读能有的啊！我一下子迷上了整本书阅读的魅力——只有整本书阅读才是真正的与高尚的人谈话啊！

学弟学妹们，远离碎片化阅读吧，把这些阅读碎片化信息的宝贵时间利用起来，拿出那搁在书架上的一本本大部头名著，扑掉书籍上的灰尘，走入整本书阅读的世界，让自己的心与作者静静地对话。你的精神世界一定会因此变得充实而丰盈起来。

学弟学妹们，行动起来吧！在整本书阅读的海洋里扬帆起航——一本大书伴终生，精神食粮最可心；待到诗书饱读日，神采飞扬气自清。

（五）总结经验，应用提升

1. 齐读"秘诀歌"

情境任务驱动型作文夺分秘诀歌

编写：黄翼新

新高考，新作文，情境任务来驱动。

审题先从材料始，情境任务切莫忘。

发言演讲或书信，读者意识放心上。

明确身份是第一，确定对象好开讲。

层次清晰结构好，句式多变语言妙。

文采固然阅卷喜，切题才能得分高。

紧扣任务来锤炼，自始至终把题扣。

重视句段关联词，逻辑严密有力度。

排比整句齐用上，充实内容就靠它。

写完作文反复读，一有不通即改掉。

直到自己被感动，高分定然会可靠。

2. 动手修改自己的作文，力求自己的作文紧扣情境任务，语言具有文采。（课后完成）

◎附作文原题及学生优秀作文

作文原题：

阅读下面的材料，根据要求写作。（60分）

当前正处于一个"信息碎片化"时代。阅读各种各样的碎片信息，成了很多人的日常行为，而传统意义上的整本书阅读，似乎日渐淡出他们的生活。关于读书，古有"三日不读书，便觉语言无味，面目可憎"的劝读良言，今有"一个人的精神发育史就是他的阅读史"的读书呐喊，而西方也有"读一本好书，就是与许多高尚的人谈话"的传世箴言。

校刊《奋斗》举办"毕业寄语"征稿活动，请结合上述材料，并联系自己读过的一本书写一篇文章，向高一高二的学弟学妹们，谈谈你的感受与思考。

要求：选好角度，确定立意，自拟标题；不要套作，不得抄袭；不得泄露个人信息；不少于800字。

学生优秀作文：

一本大书伴终生

东山学校 C529　谭远博

古有"三日不读书，便觉语言无味，面目可憎"的劝读良言；今有"一个人的精神发育史就是他的阅读史"的读书呐喊。那亲爱的学弟学妹们，你们是否选择过一本好书，是否能像著名主持人董卿一样，静静地待在散有书香的花丛中，积淀着你骇俗决绝的魅力呢？

在此，我想与在座的学弟学妹们推荐一部有"我"的大书——《三国演义》。

《三国演义》，古往今来，皆被赞叹。君不见诸葛亮神机妙算，用一空城计就吓得司马懿带领的十万大军落荒而逃的精彩故事；君不见周瑜雄姿英发，谈笑间，把樯橹烧得灰飞烟灭的壮观画面；君不见吕布斗志昂扬，以一便能敌三，造就了这令人拍手称赞的罕见对决。在这其中，太多的故事、太多的内涵真的宛如一碗美酒般，不得不让我们陶醉啊！

但也许你会对我的陈述仍感无味，你心中可能仿佛有一阵呐喊："这么多的故事情节看个电视剧不就行了吗？为什么要认认真真地选择一本书呢？而且我觉得，利用我们的业余时间看个历史视频，听个有声故事不比花这么多时间看这么一本厚厚的书更有价值吗？"

而我想对你说，没错，你的陈述的确也不缺乏道理，但你也只是用眼去欣赏，你却无法用心去真正品味每一个英雄形象。你可能会对曹操指指点点：他不就是个因为多疑，杀光了救济他的恩人全家；因为为了得到徐庶而软禁了其母，致使徐母自杀；因为忌才学而杀了杨修；因为诗兴败坏而刺死了刘馥的小人吗？但你又是否知道，曹操青年时便有"弃燕雀之小志，慕鸿鹄以高翔"的统一天下、造福百姓的决心；你是否又知道曹操有着"青青子衿，悠悠我心，但为君故，沉吟至今"的求贤若渴的追求；你是否又知道曹操因欣赏关羽的武艺，佩服关羽的兄弟情而特下书，罢免了关羽过五关斩六将的罪行，送他出关的胸襟啊！所以，我想告诉你们："莫让自己放下这沉甸甸的珍宝，而犯了捡了芝麻丢了西瓜的大错啊！"

现在西方人有一句佳话："读一本好书就是与许多高尚的人谈话。"我相信，当你们抬起手来，安安静静地握起手里的好书，待在这个充满书香的花丛中，你一定会有自己的独特的魅力，一定能成一个富有内涵的"我"！

所以，当你选择一本好书与你相伴时，你面前一定会有一根坚固的攀登棒，它一定能助你走向成功之巅！

（评分：50分）

一本大书伴终生
东山学校 C529　刘果

"有些书，读过之后还是感觉可望而不可即，总是在远处召唤着我们，引导着我们。这种作品不管重读多少遍，都会带来新的收获，新的想法，新的感触。每次重读都绝对有惊喜，所以，真正的好书、大书是值得读一辈子的。"克里斯蒂安·格吕宁如是说。

今日，我站在这一十字路口，展望不远的将来，即将与"高三学生"这一称号挥手告别。回首过往，内心充盈而温暖。而读过的书里，唯有那一本在记忆里熠熠生辉。

那本名叫《骆驼祥子》的书，是老舍先生的代表作，也给了我许多的感悟。所以，我想在这里与学弟学妹们分享一些我的感想。好让青春在奋斗中飞扬，好让周知——一本大书伴终生。

记得初读《骆驼祥子》时，是初二的寒假。那时的我，或许与学弟学妹一样，觉得名著这种"大书"是深奥难懂的，读这种"大书"更是劳神费力的。于是对这类"大书"敬而远之。可，当我看完一小节后，我觉得我被它深深地吸引住了。祥子，是那个时代底层劳动人民的缩影，我十分关注着他到底会再遭遇些什么。而这种"未知欲"是无止境的。再有便是祥子坚韧不拔的精神，他四处碰壁，经常受挫，失落过，痛苦过，绝望过，但他最终都挺了过来。那是尚未经什么世事的我第一次感受到生活的挫折与不易原来那么多，也是第一次认识到一个人原来可以这么顽强坚韧，也是第一次体会深度阅读一本"大书"原来是会有这样心灵澄明之感。

这本书至今仍摆在我的书柜的"C位"，因为它给了我无可替代的感受。高中三年里，我也会时不时去翻阅这本书，每看一遍，的确会有不同的感受，毕竟此时与彼时的心智不一样嘛。有时还会被自己某年某月某日的浅笔"批注"给逗笑。我想，这便是我写在开头处的格吕宁所想表达的吧。

反观当下，"碎片化阅读"风气盛行。你我都不自觉卷入其中，以为在微信公众号里看几篇文章就是阅读，以为在知乎里"闲庭信步"就是学习，以为在网易云里"看诗"就是读人生……

学弟学妹们，相信作为同历者，我们都深知，在摄取完碎片信息后，我们内心仍是浮躁、虚无、荒凉。因为，根本没有得到那种能长存心间的东西，所得的碎片信息像烟火，如过眼烟云，转瞬即逝。

那么，你会不会想起记忆里的那本大书？那么，你会不会下定决心去找到属于你的那本大书？

学弟学妹们，"衰草枯杨，青春易过"，莎翁只是感叹，而我们应以奋斗的姿态走过高中三年。请别忘了，留点时间和空间，让那一本大书以涵养你、陶冶你的名义陪伴着你，直至生命终点。

因为，一本大书陪伴着你的每一程，你都会发现朗日川青，旧阙洞开，万物明媚可爱。

（评分：56 分）

第5辑 下水作文

路

早几个星期以前，语文老师宣布了一个惊人的举措：剩下的几课文言文由学生来教，谁愿意当一回老师的，就赶快到老师那里报个名。

谁会有这个胆量？一个学生上台当老师给我们上课，能行吗？虽说我们都上过讲台，可那大都是照稿子说说，不过几分钟的事。学生当老师来正式上课教书，谁有那个本事？

就在我们大部分学生的疑虑之间，竟有几个"吃了豹子胆"的同学真的去报了名，王丹同学就将第一个走上讲台当我们的老师呢。

她能行吗？我们拭目以待。

今天第五节课，王丹同学就站到了讲台之上。一声"老师好"，喊红了她的脸庞。我正担心她会不知所措呢，只见她稍作调整，即用清晰而标准的普通话向同学们提起了问题："我国最早的一部诗歌总集是什么？"五十二个声音齐刷刷地回答："《诗经》。"她真像老师听到学生满意的回答似的笑了，接着转身在黑板上写下了清晰而潇洒的两个字——《诗经》，并且向我们介绍了有关《诗经》的常识。

"今天，我们来学习选自《诗经·王风》里的《君子于役》这一首诗。"听到这里，我望了望全班同学，我们都会心地笑着打开了课本。

"君子于役，不知其期。曷至哉？……"王丹同学从容地带着我们朗读，时而提问，时而讲解，时而板书。她的普通话悦耳动听，她的讲解亲切易懂，她的板书工整美观，她的教态自然大方，虽然不时地有红云绽上她的脸，但很快就消逝得无影无踪。我全然不觉她这一堂课与老师讲的课有何区别，甚至觉得我比听老师的课还听得认真，还容易理解。我又望了望班上的同学，每一个人都全神贯注地听着王丹同学的讲解，认真地朗读着课文，大方地举手抢着答问，连平时上课最不认真的几个同学都不再做小动作，眼睛紧紧地盯着黑板，不时地做着笔记……

这一节课不知不觉地过去了。"谢谢老师！"五十多个声音比平日更富有激情。此时，王丹同学脸上又绽起了一片红云……

当她带着灿烂的笑容走下讲台时，五十多双手同时为她鼓了起来，经久不息的掌声在校园里久久地回荡……

全班同学都纷纷涌至王丹同学面前，为她欢呼，为她祝贺，红云再一次涌上了她的脸……

能走上讲台，当一回真正的老师，这是我梦寐中所追求的。然而，当老师真正给予了这难得的机会时，我却没有勇气抓住。王丹同学不仅大胆地抓住了这一机会，而且取得了巨大的成功，她在自己人生的道路上，迈出了坚实的一步。为什么她能走出一条成功之路呢？某位哲人的话又回响在我的耳边："世上本没有路，走的人多了，也便成了路。"

对！路是人走出来的。我一定会走出一条属于我自己的成功之路。

（2000年"语文报杯"中学生作文竞赛指导下水作文）

大树想去旅行

大树想去旅行，飞鸟帮不了它，没有翅膀的大树怎么能随飞鸟飞去世界的各地？

大树想去旅行，走兽也帮不了它，没有双脚的大树不可能随走兽去它想去的地方。

大树靠飞鸟实现不了自己的梦想，大树靠走兽也解决不了它想解决的问题，但傻傻的大树还是想要去旅行，想要知道外面的世界到底有什么精彩值得飞鸟与走兽们来炫耀。

我就是那棵想去旅行的大树。

大学开始接触国画，随着时间的流逝，对国画的喜好却与日俱增，竟达到痴迷的程度，而苦于没有专业培训，画画一直滞于业余爱好者的水平。

于是，我也有了大树一样的梦想，想去外面的世界看看，想去正规画院拜师学艺。但，我只是一个中学语文老师，既没有足够的时间去进修，也没有足够的经费去维持学习的开支，正如大树没有翅膀与双脚，时间和金钱便成了我外出求学的阻碍。

大树知道飞鸟和走兽帮不了自己，于是决定自己来帮自己。大树结出了一茬又一茬丰硕的果实，飞鸟和走兽贪婪地享受着大树的果实，它们吃掉了果肉，也把种子遗留在了他们去过的地方。这些种子载着大树的梦啊，在世界各地生根、成长。没有几年，世界各地就有了数不清的"大树"。飞鸟和走兽看过的世界，大树也一一看过。

我也知道时间和金钱不会自个儿跑到我的世界里来，我只是在静静地做着自己的准备。2012 年岁末的一场大病让我暂时进不了课堂，这时，我发现自己有了请到假的理由，于是我利用病假的机会偷偷地报上了北京画院自己喜欢的老师的班。

金钱的问题呢？呵呵，说出来不怕别人笑话，我报上名离开学不到一个月的时间，能供我支配的资金只有三百多元。但我硬是一个一个地跑啊、游说啊，不到半个月的时间，我就凑到了近四万元的学习费用。

到达北京的当天，我才知道，几十年里觉得遥不可及的北京，原来只要在火车上睡一觉就到了。一年后学习结束，我终于明白，只要自己为着自己的梦想去不懈努力，那梦想就会变为现实。

人生一世，草木一秋。

世界很大，我想去看看。

人啊，绝不是只有一种活法。

如今，我的心底又升起了另一个梦想，大树啊，让我们再次去旅行，OK？

◎附 2015 年高考真题

阅读下面材料，写一篇作文。（60 分）

有一棵大树，枝繁叶茂，浓荫匝地，是飞禽、走兽们喜爱的休息场所。飞禽、走兽们说着自己去各地旅行的见闻。大树听了，请飞禽带自己去旅行。飞禽说大树没有翅膀，拒绝了；请走兽帮助，走兽说大树没有腿，也拒绝了。大树决定自己想办法。它结出甜美的果实，果实里包含着种子。飞禽、走兽们吃了果实，果实的种子就这样传播到了世界各地。

请根据材料，自选角度，自拟题目，写一篇不少于 800 字的记叙文或议论文。

劳动成就了你我

亲爱的同学们：

大家好！今天我为大家演讲的题目是：劳动成就了你我。

就在一个月前，学校掀起了一场劳动热。遗憾的是，作为高三临近高考的我们，已经没有了参与劳动的机会。

假如我们不是在高三，你是否愿意参加这样的劳动？

"我们学习这么忙，还有什么时间去劳动？""劳动这么苦，这么累，干吗非得自己干？花点钱让别人去做好了！""科技进步这么快，劳动的事，以后可以交给人工智能啊！"……这样的声音你是否已经隐约听到了？是不是也正是你内心深处的声音？

呵呵，我就知道，不少人已经在心里附和了吧。是不是还有人会说："我们今天这么刻苦攻读，不就是为了跳出农门，今后不再卖苦力吗？我为什么还要去学习劳动啊！"

同学们，你是否还记得我们人类是怎么来的吗？

对，人类历史学告诉我们，人是从类人猿进化而来的。人之所以区别于猿，进化成了高智商的动物，就是因为学会了使用工具，也就是说，是劳动诞生了人类，换句话说，是不是劳动成就了你我？（此处有掌声……）

因此，要不要学会劳动，这是不是还是一个要大家花时间来探讨的问题？（群情激昂：不是——）

谢谢大家！

今天的社会，科技进步确实已经达到了非常高的程度了，很多重复的机械的劳动早已被工业机械取代了，还有很多复杂的劳动也可以由人工智能机器人来完成了。但是，同学们，请你们一定不要忘了，任何时候我们都不要拒绝劳动，任何时候我们都不要轻视劳动，任何时候我们都要伸出我们的双手，投身到劳动实践中去获取快乐，获取幸福，获取我们做人的尊严。

还记得习总书记是怎么说的吗？对，"幸福从来都是奋斗出来的"，"幸福是靠双手创造出来的"。当然，这里的奋斗与创造既包括体力劳动，也包括脑力劳动，但如果我们以为"四体不勤、五谷不分"的脑力劳动者也能成为社会的栋梁之材的话，那我们就彻底地步入了一个误区。你想想吧，离开了劳动，我们还会体格健全、自力更生吗？离开了劳动，我们还会有创新能力吗？说得严重点，离开了劳动，我们还会是人吗？

"民生在勤，勤则不匮"，劳动是财富的源泉，也是幸福的源泉。中华民族绵延五千载，是勤劳成就了我们伟大的民族。"一屋不扫，何以扫天下？"从今天起，我要做一个热爱劳动的人，劈柴、喂马、种菜、养鸡……

劳动的号角已经吹响，同学们，让劳动成为我们的习惯，撸起袖子加油干，好吗？

我的演讲完毕。谢谢大家！

◎附 2019 年高考（全国卷一）作文题

阅读下面的材料，根据要求写作。

"民生在勤，勤则不匮"，劳动是财富的源泉，也是幸福的源泉。"夙兴夜寐，洒扫庭内"，热爱劳动是中华民族的优秀传统，绵延至今。可是现实生活中，也有一些同学不理解劳动，不愿意劳动。有的说："我们学习这么忙，劳动太占时间了！"有的说："科技进步这么快，劳动的事，以后可以交给人工智能啊！"也有的说："劳动这么苦，这么累，干吗非得自己干？花点钱让别人去做好了！"此外，我们身边也还有着一些不尊重劳动的现象。

这引起了人们的深思。

请结合材料内容，面向本校（统称"复兴中学"）同学写一篇演讲稿，倡议大家"热爱劳动，从我做起"，体现你的认识与思考，并提出希望与建议。要求：自拟标题，自选角度，确定立意；不要套作，不得抄袭；不得泄露个人信息；不少于 800 字。

甘居人下乃至德

同学们，上午好！

我发言的题目是《甘居人下乃至德》。

　　齐桓公九合诸侯，一匡天下。太史公曰："天下不多管仲之贤而多鲍叔能知人也。"我深以为然也。

　　鲍叔与管仲，分别是齐国公子小白与公子纠的谋士，公子小白与公子纠争夺王位之时，管仲带兵阻击小白，用箭射中了小白，差点就让小白提前见了阎王。后来，即位成为齐国国君的却是公子小白，也就是历史上"春秋五霸"之首的齐桓公。孔子说："桓公九合诸侯，不以兵车，管仲之力也。"孔夫子的评价，自是有一番道理，然而，如果不是鲍叔在齐桓公面前力荐管仲，又何来桓公之九合诸侯呢？

　　鲍叔与管仲各为其主，公子纠和小白的王位之争，意味着鲍叔和管仲是属于敌对阵营的死对头。周瑜尚且感叹："既生瑜，何生亮？"鲍叔在小白即位之后大可以借桓公之力置自己的强劲对手管仲于死地，更何况齐桓公还有管仲的一箭之仇要报呢。可鲍叔不但在齐桓公面前力荐管仲，更是自愿甘居其下，共同辅佐齐桓公，这才成就了齐桓公的霸业。

　　甘居人下是至德。

　　君不见缪贤舍命举荐门下蔺相如为国效力。"完璧归赵"后，相如的地位扶摇直上，升为上卿，权位远在缪贤之上，而缪贤却甘居下人之下，毫无怨言。

　　君不见廉颇在得知蔺相如一片苦心之后，负荆请罪，甘居相如之下，成就了一段"将相和"的美谈，更使得强秦在很长一段时间内不敢觊觎赵国。

　　君不见湘军统率曾国藩，在攻下天京后，很多人或明或暗地劝他自立为王，而他果断地解散湘军，甘居人下，使得天下从此不再生灵涂炭，成就了"文正公"的美名。

　　甘居人下，本质上是对自我不足的一种正确认知，是对他人才能的正确认识。当今世界，有才能的人太多了，然而，总有人感叹自己怀才不遇，总有人妒贤嫉能，即使是在我们学生阶段，也莫不如此。

　　其实，如果是我们比学习成绩，不愿长期居于人下，这未尝不是我们学习的一种动力。但如果因此而生嫉妒，恶意中伤成绩比你优秀的人，甚至于像纪红那样，在中考前一夜因担心学友吴梅成绩超过自己，竟假惺惺地送上几支装有农药的假"人参蜂王浆"，导致同学中毒而自己锒铛入狱，这样就是自取灭亡了。

　　甘居人下是至德。愿我们都能有鲍叔那样宽广的心胸，找准自己人生的位置，成就自己的辉煌人生。

◎附 2020 年高考作文题：

春秋时期，齐国的公子纠与公子小白争夺君位，管仲和鲍叔分别辅佐他们。管仲带兵阻击小白，用箭射中他的衣带钩，小白装死逃脱。后来小白即位为君，史称齐桓公。

鲍叔对桓公说，要想成就霸王之业，非管仲不可。于是桓公重用管仲，鲍叔甘居其下，终成一代霸业。后人称颂齐桓公九合诸侯、一匡天下，为"春秋五霸"之首。孔子说："桓公九合诸侯，不以兵车，管仲之力也。"司马迁说："天下不多（称赞）管仲之贤而多鲍叔能知人也。"

班级计划举行读书会，围绕上述材料展开讨论。齐桓公、管仲和鲍叔三人，你对哪个感触最深？请结合你的感受和思考写一篇发言稿。

要求：结合材料，选好角度，确定立意，明确文体，自拟标题；不要套作，不得抄袭；不得泄露个人信息；不少于 800 字。

忙碌赋

戊戌之冬，年近岁末，静客与友人结伴漫步于东山书院之内。寒风犹在，残雪未消。远有东台巍峨，山顶覆雪；近有便河水清，鱼儿散漫。俯身桥栏，投食戏鱼，雀跃争先，无不以得食为足。其得食者，返身潜入水中，未能得者，竞相寻觅，至于水响哗然，自成天籁。顿觉人生惬意，莫过如此。

友人怪之曰："平日观君忙于教学，又兼绘事，难有闲暇。何以今日有此雅兴，享此俗世之娱也？"

静客讶之："诚如君言，吾事不少。然世间何人不忙碌也？"

友人默然许之，良久，慨然而叹曰："天下熙熙，皆为利来；天下攘攘，皆为利往。如此而已，概莫能外矣。

"君不见，为官者确乎忙碌。白天车来车往曰为民分忧，夜晚前呼后拥称联络感情，竟至一日难与子女相见，不得享天伦之欢。此为忙碌之极也。

"君不见，为商者更无闲暇。生意场上明争暗斗，风月场中竞显风流，唯夫人之难与为伍，独众芳之巧取豪夺。身心俱疲，不一而足。家庭的幸福生活是最好的借口，自己的享乐淫靡成真实的面目。

"君不见，芸芸众生亦是忙得不亦乐乎。一家老小的吃穿住行，可怜的工资糊弄不了，不得不于八小时之外再拼几重。微商兼职，朋友成为挣钱的资源。忙忙碌碌中，哪得闲心。喝茶也有生意，聊天也谈赚钱。原可交心者敬而远之。日复一日，竟至于满腹怨言。生活之趣，不复存焉。"

静客答曰："君言诚是，世所难免。人们需要欺骗，令其自觉忙碌之人生方为有意义之人生，以至忙碌追寻而迷失生命之本真。推究其实，确乎双目为利所熏，内心为利所染，未能脱俗也。然世间不只有眼前之苟且，更有诗意和远方。俗语有云，越工作越能工作，越忙碌越能创造出闲暇，吾信其然也。故常于忙里偷闲，信步书院。或享阳光之暖，或享明月之幽；踏石路而诵咏蛙之诗，俯桥头而思伟人之迹。自信人生二百年，会当享受大自然，悠哉游哉得真趣，快活逍遥乐心间。"

友喜而笑，不复存疑。相与闲庭信步，不觉间已至书院关门之时。遂各回家，复归忙碌。

◎附作文题目：

阅读下面的材料，根据要求写作。

（1）沉浸于现实的忙碌之中，没有时间和精力思念过去，成功也就不会太远了。（雷音）

（2）思想需要经验的积累，灵感需要孤独的沉淀，最细致的体验需要最宁静透彻的观照。（龙应台）

（3）没有什么比忙忙碌碌更容易，没有什么比事半功倍更困难。（亚力克·马肯策）

（4）人们需要欺骗，让他以为自己的人生很忙碌，很有意义。（李银河）

（5）越工作越能工作，越忙碌越能创造出闲暇。（佚名）

以上都是关于"忙碌"的人生感悟，生为世俗之人，或置身于忙碌之中，或置身于忙碌之外，我们该怎样看待"忙碌"呢？谈谈自己的看法，写一篇文章。明确文体，自拟题目，不要套作，不得抄袭；不少于800字。

（特殊要求：全用文言或古白话体写作，以锤炼语言文字）

现代文明，管理先行

社会向前发展，国人文明素质堪忧。君不见：从景区泡脚、乱刻乱画到因飞机延误而大闹机场；从公然"霸座"到任性拉下高铁紧急制动阀；从重庆公交坠江悲剧到高空抛物致人死亡……

如何构建与时代相适应的现代文明？是德育先行还是管理先行？

请听胡适先生这么说："一个肮脏的国家，如果人人讲规则而不是谈道德，最终会变成一个有人味儿的正常国家，道德自然会正常回归；一个干净的国家，如果人人都不讲规则却大谈道德，谈高尚，天天没事儿就谈道德规范，人人大公无私，最终这个国家会堕落成为一个伪君子遍布的肮脏的国家。"

请看上海人这么做：2019 年 7 月，上海打响垃圾分类第一枪，明确垃圾类别，明确罚款金额，甚至执行个人诚信制度。上海垃圾管理，该出手时就出手，该罚款时没商量。2020 年 7 月，短短一年，政府晒出成绩单：分类达标率高达百分之九十以上。在变废为宝的路上，这个现代化大都市在文明自律的路上又迈出了坚实的一大步。

至此，德育先行还是管理先行，答案是不是已经了然于胸？

如果你还有疑问，不妨再看一组数字：2009 年，酒驾和醉驾肇事共 3206 起，这让多少个家庭陷入了痛苦的深渊？滚滚车轮下，面对醉汉，你与他谈道德，不会很苍白无力吗？

只有法律亮剑，管理先行，才是最有力的回击。2011 年，"危险驾驶罪"正式入刑，大明星小草根，法律面前人人平等，于是，人人视酒如猛虎，酒驾醉驾肇事大幅下降。

事实证明，法律是最直接的告白，管理是最有效的文明建设手段。

我有一个梦想，我梦想着在我们这个国度，法治建设非常完善，大家一言一行，有规矩可循，有制度可依，一切不法之行为无可逃遁，一切不法之人皆得到有效的惩处，人人在法制的管理下，自由快乐幸福地生活。

我相信这一天终将到来，因为"法治"已成为我党的执政理念，法制建设深入人心，法治必将引领国人文明素质的提升。正是：

> 现代文明与时进
> 德育无力紧跟行
> 只要管理抓到位
> 何忧道德不归心

2021 年 2 月 23 日

◎**附作文题：**

阅读下面的材料，根据要求写作。

从景区泡脚、乱刻乱画到因飞机延误而大闹机场，从公然"霸座"到任性拉下紧急制动阀，从重庆公交坠江悲剧到高空抛物致人死亡……近年来，关于国人文明素质的讨论一直都没有停过。

如何构建与时代相适应的现代文明，是一个迫切需要厘清和解决的时代课题。有人认为文明素质的高低取决于道德素养的高低，"春风化雨，润物无声"，当下应该德育先行；也有人认为文明素质的高低取决于规矩是否严格、制度落实是否到位，提升国人文明素质，当下应该管理先行。

你对此有什么看法？请在两种立场中选择一种，写一篇文章，说服另一立场的人。

要求：结合材料，选好角度，确定立意，自拟标题；不要套作，不得抄袭；不得泄露个人信息；不少于 800 字。

我是零零后，我也有担当

尊敬的老师，亲爱的同学们：

上午好！

今天的成人仪式告诉我，我长大了，我已经是一个成年人了。

弹指一挥间，我已走过 18 年的时光。今天，站在这里，我感慨万千，很多的心里话要向你们倾诉。千言万语，汇成一句话，那就是"我是零零后，我也有担当"。

曾记得，我们"00后"作为首批独二代，人们给了我们"网络原住民""二次元世代"的不雅称号。

事实又何尝不是这样呢？

曾经的我们：一机在手，忘却烦恼；茶饭不思，睡觉无眠；游戏有劲头，学习无精神；上课昏沉沉，成绩落千丈……

曾经的我们：父母的苦口婆心最是烦厌，老师的忠言逆耳最不喜听；厕所的角落有我们的烟雾缭绕，校园的旯旮有我们的成双魅影……

这一切的一切，源于我们的年少无知。

可曾记得？汶川特大地震，20万志愿者队伍中，近半数是曾被贴上"叛逆的一代""襁褓青年"等负面标签的"80后"。

可曾看到，新冠疫情防控斗争，援鄂队伍中有一大批曾被扣上"问题一代""月光族"等帽子的"90后"的身影？

今天，我们已经成人。我们已不再是那懵懂少年，我们再也不当"网络原住民"，再也不做"二次元世代"。我们即将走上属于我们的时代舞台，我们也必将以实际行动担起历史重任，重塑自身形象。

一代人有一代人的使命，一代人有一代人的担当。在这里，我要大声宣告：我是零零后，我也有担当。

出生在新世纪，在建党100周年之际成人。我们也必将成长为建国一百周年时完成中华民族伟大复兴的主力军。

从今天起，我们必将以加倍的努力来迎战高考这一大战。我们必将取得完全的胜利。我们每个人都将考上自己理想的大学，为建设祖国积聚力量。

我是零零后，我也有担当。革命老前辈就是我们的榜样。我们绝不会输给"80后"，我们有信心比"90后"更强。就让我用这样四句诗结束今天的发言吧：

> 零零后曾沉迷网，
> 今日成人起担当。
> 长江后浪推前浪，
> 一代更比一代强。

谢谢！

2021年3月2日

◎附河北省衡水中学 2021 届全国高三第二次联合考试作文题

阅读下面的材料，根据要求写作。（60 分）

当年的"80 后"曾被贴上"叛逆的一代""褴褛青年"等负面标签；后来的"90 后"也被扣上了"问题一代""月光族"等帽子；眼下的"00 后"作为首批独二代，也被有些人称为"网络原住民""二次元世代"等。

2008 年汶川发生特大地震，20 万志愿者队伍中近半数是"80 后"，他们用爱国担当、无私奉献、忘我工作重塑了人们对"80 后"的看法和信心；2020 年的新冠肺炎疫情防控斗争中，一大批"90 后"加入援鄂队伍，奋战在疫情防控救治第一线，不畏艰险、舍生忘死、冲锋在前，收获了众多好评；不久的将来，"00"后就要走上属于他们的时代舞台，相信他们也会以实际行动担起历史重任，重塑自身形象。

展望未来，我国青年一代必将大有可为，也必将大有作为，这是"长江后浪推前浪"的历史规律，也是"一代更比一代强"的青春责任。

在培文中学举行的成人仪式上，你作为学生代表发言。请结合材料，联系自身实际，完成这篇发言稿，表达"00 后"青年的认识和思考。

要求：选准角度，确定立意，明确文体，自拟标题；不要套作，不得抄袭；不得泄露个人信息；不少于 800 字。

2020 年，祖国更辉煌

华夏传承五千年，文明古国众口传。前辈创造好时代，青年大步迈向前。

2020 年，一场突如其来的疫情，让中国按下了暂停键，近两个月的时间，工厂停产，学校停课，市场静默。

也许，很多人都在担忧：经历这一场疫情，中国的经济至少倒退三十年；2020 年全面建成小康社会、全部消灭贫困人口必将成为一场笑话。

也许，还有更多的国际问题困扰着我们：美国对我们的全面围堵；印度对我们的边境挑衅；"台独分子"的蠢蠢欲动；甚至"港独"势力也给我们增添麻烦……

人无远虑，必有近忧。确实，这一场疫情带给我们的是一场前所未有的挑战；国际上的反华势力带给我们的更是一场严峻的考验。如果我们没有足够的忧患意识，没有足够的智慧和担当，那么，我们所有的担忧都不会为过。

君不见，在以习近平总书记为首的党中央的坚强领导之下，中国人民空前团结，很快就控制了疫情的蔓延，取得了国内战胜疫情战役的大胜利，并很快复工复产，复市复课。

君不见，北斗卫星导航系统的第 55 颗卫星如期升空入轨，顺利完成组网工程。北斗导航正式向全球提供导航服务。

君不见，印度于我边境一再挑衅，却在"肉搏战"中损伤无数。虽陈兵十万，却不敢跨进加勒万河谷半步。

2020 年，中国面临的国际国内问题确实是非常复杂甚至说是严峻的。但是，我相信，有中国共产党的坚强领导，有全国人民的团结一心，我们必将迎来更加辉煌灿烂的一年。

2020 年，我们坚定地朝前走。

全面建成小康社会，这绝不是一句空的口号；脱贫攻坚，也一定会取得决定性的胜利。全面消灭绝对贫困人口，全面实现小康社会指日可待。

作为新时代的青年，我们正在经历人生中的第一场大考，在这一场考试过后，我们大都将升入高等学府深造。作为新时代的青年，学习仍然是我们的首要任务，只有扎实地掌握建设祖国的本领，我们才能为祖国的发展做出更大的贡献。

我相信，2020 年的中国，十三五规划中编制的蓝图必将一一实现。不要说我们自己的国家太空站必将顺利建成，也不要说我们的火星探测旅程必将按时开启，单是全面建成小康社会、全面消除贫困人口这一目标的实现，就足以惠及每一个中国人。

让我们祝愿 2020 年的祖国更加辉煌吧！

◎附作文题目：

阅读下面的材料，根据要求写作。（60 分）

2020 年对于中国人来说注定是不平凡的一年：2020 年初，中国遭遇了新中国成立以来在中国发生的传播速度最快、感染范围最广、防控难度最大的一次重大突发公共卫生事件；2020 年，是中国决胜全面建成小康社会、决战脱贫攻坚大功告成之年；2020 年，中国将组建成自己的国家太空站；2020 年，中国将首次实施火星探测工程……进入 2020 年，我国将面临更多的挑战，也将迎来更新的变化、更多的成就。

作为新时代的青年，对于2020年的祖国，你有着怎样的思考？请写篇文章，谈谈你的看法。要求：自拟标题，自选角度，确定立意；不要套作，不得抄袭；不得泄露个人信息；不少于800字。

平等对话可以，盛气凌人没门

亲爱的同学们：

上午好！

当你听到××同学是大家公认的"学霸"时，内心是不是对这位同学艳羡有加？当你看到自己的名字赫然出现在班级学霸榜时，内心是不是会有些许自得与满足？

此时，你可曾想到那几个成绩永远上不来的同学正因为有人暗地里称他们为"学渣"而伤心颓废？

称人"学霸"也好，讥人"学渣"也罢，这种现象已然成为校园用语的常态，似乎不值得大做文章，但是，这种交际用语真的无伤大雅吗？

俗语说：什么人说什么话。看似无伤大雅的"学霸""学渣"一词，背后透露的不是自以为高人一等的傲慢，就是打心眼里瞧不起人的歧视。因此，开口即请慎用词语，尊重方能平等对话。

君不见小小元方入门不顾父之友，只因友骂其父"非人哉"，待人无礼自然只能请吃闭门羹；

君不见刘备三顾茅庐耐心门外候，一再压住急张飞那火性子，终得诸葛孔明助己三分天下；

君不见翼德叱咤疆场无人敢与战，却因对部下非打即骂不尊重，一代枭雄竟于床上被割头。

人与人相处，互相尊重才是道。今日"学霸""学渣"嘴边挂，明日"富二代""乡巴佬"习为常，骨子里已把人分成三六九等，交往中少不了盛气凌人。

人类命运是一个共同体，小小的地球允许每一个生命共存。

可习惯了霸权思想的人总想对他人颐指气使，压缩别人的生存空间。阿拉斯加谈判桌上，美国代表一开始就霸气凌人，试图以实力压制我方。杨洁篪一句"你们没有资格在中国的面前说，你们是从实力的地位出发同中国谈话"让美方代表瞠目结舌，知道了平等对话才有得谈，盛气凌人门都没有。

是啊，一切的交流从语言交流始，文明用语是文明交流的基础。今天我们坐在这里探讨词语的使用，你还会觉得学校里常用"学霸""学渣"这样的词语会无伤大难吗？

语言的背后站着的是使用者的思想境界、道德品味，请不要再有盛气凌人的用语，抛弃傲慢与歧视，让我们的交流因平等对话而文明和谐。

正是：

> 学霸学渣非雅语，
> 张口即来暗伤人。
> 盛气凌人不可有，
> 平等对话感情增。

我的发言完毕。谢谢大家！

2021 年 4 月 21 日

◎附作文题：

阅读下面的材料，根据要求写作。

我们所使用的词语，显示着我们的思想境界、道德观念、价值判断、文化品位、审美趣味。在校园、社会、家庭和网络等各种交际场合，我们经常听到有人使用"学霸""学渣"这两个词语，你是怎么看待这种现象的？请就此写一篇主题班会发言稿，向班级同学表达你的切身感受和真实看法。

要求：选准角度，确定立意，明确文体，自拟标题；不要套作，不得抄袭；不得泄露个人信息；不少于 800 字。

让体美教育分值来得更高些吧

亲爱的同学们：

你们好！

听闻，中办、国办已印发"关于全面加强和改进新时代学校体育、美育工作的意见"。更有权威人士表示，学校的体育中考要逐年增加分值，达到跟语数外同分值的水平。而到了 2022 年，要全面实行美育中考。从已经开展美育中考的省份了解到，美育分值在 10 分到 40 分之间。

此消息一出，人们热议纷纷。可以想见，众说纷纭，莫衷一是。

今天，我想大声疾呼：让体美教育的分值来得更高些吧！

天下苦应试教育已久矣。持反对意见者无非就是说，这文化课已是不堪重负，再加考体育美育，无疑是加重了学生的负担，等等；更有要把为学生减负为借口的，似乎这体育美育更不应该拿来考学生，至于分值还要加重的话，你就免提了吧。

可，应试教育的思想早已深入到人们的骨髓，功利主义的现实已成为素质教育的顽瘤，要想在应试教育的大背景下推行素质教育，最好的途径莫过于将各项素质教育的考试与文化考试纳于同一个考试体系，并赋予同样重要的分值，因此，现在的体育美育不但要列入中考，而且要让体美教育分值来得更高些。

我们的教育目标，是要培养德智体美劳全面发展的人才。可多年来这一办学方针只停留在上级的文件里，停留在领导的报告里，停留在人们的梦想中。

只因体美不列入中考，文化课随意侵占艺体课；只因体美虽考而分值很低，体育美育仍不能引起人们的重视。因此，我要大声疾呼：让体美教育的分值来得更高些吧！

当体育美育的分值和语数外一样的时候，一定是素质教育的春天来到的时候。我亟盼这一天早日到来。

到那时，初中毕业的学生还会歧视职业教育而千军万马挤这高考的独木桥吗？到那时，我们的学生还会退化成"四体不勤、五谷不分"的书呆子吗？到那时，中学生们还会是一个个文化成绩不低的美盲吗？到那时，各种因文化成绩而焦虑而抑郁的情况还会有现在严重吗？到那时……

让体美教育的分值来得更高些吧！让素质教育的春天来得更早一些吧！

> 应试教育久苦心，
> 体育美育来实行。
> 分值同等方重视，
> 素质提升众欢欣。

我的发言完毕。谢谢大家！

◎附 2021 年 4 月湘潭市二模考试作文题：

阅读下面的材料，根据要求写作。

10 月 15 日，中办、国办印发了《关于全面加强和改进新时代学校体育工作的意见》和《关于全面加强和改进新时代学校美育工作的意见》。教育部体育卫生与艺术司司长王登峰表示，学校的体育中考要逐年增加分值，达到跟语数外同分值的水平。而到了 2022 年，要全面实行美育中考。据介绍，目前全国已经有 4 个省开展美育中考计分，分值在 10 分到 40 分之间。此消息引发人们热议。

班级计划举行班会，围绕上述材料展开讨论。假如你是一位发言者，请结合你的感受和思考写一篇发言稿。

要求：结合材料，选好角度，确定立意，明确文体，自拟标题；不要套作，不得抄袭；不得泄露个人信息；不少于 800 字。

平台已搭建好，请让自己强大

《尚书》有云："若金，用汝作砺；若济巨川，用汝作舟楫；若岁大旱，用汝作甘霖。"如果你是真英雄，又何愁没有用武之地？

今年，是建党一百周年，也是"十四五"的开局之年，正是青年才俊大展鸿图，大显身手之际。时代为我们搭建好了施展才华的平台，请让自己强大起来，成为新时代的弄潮儿。

然而，生活中总有人感叹，没有人了解我，英雄无用武之地，伤感地吟唱"念天地之悠悠，独怆然而涕下"。

事实果真如此吗？

君不见"傅说举于版筑之间，胶鬲举于鱼盐之中，管夷吾举于士，孙叔敖举于海，百里奚举于市"。只要你有足够的才华，到哪里都不会被埋灭。

君不见诸葛孔明蜗居隆中，散发的光芒吸引着刘备三顾茅庐，终得辅助先主占据蜀中而三分天下，成就万古贤相之名。

君不见雷锋只是一名普普通通的战士，在自己的岗位上做着极为平凡的小事而成就了他不平凡的一生，成为人们的精神楷模。

我们的时代是一个伟大的时代，到建国一百周年的时候，我们国家要建设成为社会主义现代化强国，需要每位青年才俊在不同的岗位上作出自己的贡献。请问：你准备好了吗？

也许你心中还有疑虑：现在不是有很多大学生一毕业就失业的吗？不是仍有很多人才因没有合适的平台而郁郁寡欢吗？

请不要哀叹没有伯乐的赏识，唯一的原因只有一个：你的才能还不是真正的强大。

让自己强大起来吧！如果你是在读的学生，就请你把该学的功课学好。不要满足于已有的成绩，缩小与优秀学生的差距，成功获取自己心仪的大学入门券，赢得人生发展更高的平台。

让自己强大起来吧！如果你已然走入心仪的大学，请不要从此六十分万岁，让自己的专业基础夯实牢固，让自己成长为一名真正优秀的专业人才。

让自己强大起来吧！如果你已经走上工作岗位，请从最基层干起，一点点积累工作经验，一步步成长为单位中坚骨干。

请相信：只要我们自己足够强大，总有自己施展才华的舞台，让我们在党引领人民绘就的一幅幅波澜壮阔、气势恢宏的历史画卷中留下浓墨重彩的一笔吧！

时代新篇已翻开，
各行各业皆平台。

强大自身甘奉献，

成就人生好未来。

◎附 2021 年 5 月五市十校考试作文题：

阅读下面的材料，根据要求写作。

（1）平台是撬动人生价值的最佳杠杆，平台不同，人生不同。

（2）唐·陈子昂《登幽州台歌》："前不见古人，后不见来者。念天地之悠悠，独怆然而涕下！"盛时不遇，诗人深感英雄无用武之地。

（3）《尚书》有云："若金，用汝作砺；若济巨川，用汝作舟楫；若岁大旱，用汝作甘霖。"

（4）2020 年度感动中国十大人物之一的张桂梅于 2008 年自主创办了华坪女子高级中学，这是全国唯一一所免费女高，专门供贫困家庭的女孩读书。建校 12 年来，已有 1804 名大山里的女孩从这里走进大学完成学业，在各行各业施展才华。

（5）2021 年是中国共产党 100 周年诞辰，也是"十四五"开局之年，党引领人民绘就了一幅幅波澜壮阔、气势恢宏的历史画卷，也给青年一代提供了机遇与挑战。

某报社开设了"青年论坛"栏目，讨论的主题是"平台与人才"，你读了以上材料，有何感触与思考？请你联系实际发表看法。

要求：结合材料，选准角度，确定立意，明确文体，自拟标题；不要套作，不得抄袭；不得泄露个人信息；不少于 800 字。

思考：

考作文，考的是立德树人，考的是语言素养，文章素养。那么，下水作文就是在以上几个方面给学生以示范了。

关于这次作文考试，审题自应抓住核心"平台与人才"，但学生审题时往往片面地抓住一点就展开议论，这是最要避免的。

关于材料一，重点说的是平台的作用，平台不同，人生不同。

材料二，以陈子昂的诗来说明历史上，一些颇有才华的人，虽逢盛世，亦不得志，只因没能拥有施展抱负的平台。可见平台于个人成功的重要性。

材料三则以傅说因有才华而即使埋没于版筑之间，终被武丁重用，可见一个人做到了真正的强大，不必担心自己的才华会被埋没。

材料四说的是感动中国人物张桂梅，创办免费高中，为众多贫困学子搭建了成才的平台。

材料五才是重点，那就是新时代为青年一代搭建了广阔的平台，但这平台既是机遇，更是挑战。因此，作为青年一代，只有树立正确的人才观，才有可能不怨天尤人，不当愤青，而是在自己的平台上为国家的振兴作出自己的贡献。

"青年论坛"开展"平台与人才"为主题的讨论，无非就是引导青年一代树立正确的人才观。

鉴于以上审题，本人确定了写作的题目：平台已经搭好，请让自己强大。

题目中的强大显然应理解为才华修养的提高吧。

关于文章的开头，有老师指出，只引用了却没作分析。其实，这是肢解文章的典型表现。文章的一、二、三段应为一个整体，都属于议论性文章"引议联结"中"引"的部分。三段各引述材料三五二，然后抛出问题：事实果真是这样吗？

接下来的"君不见"三个段落，作者引用古今三个（类）人物为例，从三个层面解答了上面的问题。第一个傅说等人的事例既呼应第一段，更有力的证明了"只要你自己的才华足够强大"，自然会有人看上你，给你施展才华的舞台。第二个事例，用诸葛亮的事，与第一段构成点面关系，强调有才华自然不会埋没。第三个事例用雷锋这个熟悉的人物，并不是他有多大的才华，相反的，他并谈不上严格意义上的"人才"，但他在平凡的工作岗位上成就不平凡的人生，这是作者有意针对当今社会太多的人都是平凡的，太多的平台都是普通的这一现实来进行例证。对有些自己把自己当人才的人，自然是有教育意义的。

接下来，作者紧扣时代，紧密联系青年一代的实际，以"请让自己强大吧"的祈使句作为段首排比句，使高中生、大学生、青年就业者反思自己的才华能否与平台相适，从而树立正确的人才观与人生观。

结尾用一首打油诗，很好的收束了全文。

九州共贯，卓越冠寰宇

亲爱的同学们：

大家好！

就在前天（5 月 15 日），天问一号火星探测器成功着陆于火星。消息传来，举国沸腾。习近平总书记亲致贺电："我国在行星探测领域进入世界先进行列。"

想当年，到火星去是我们遥不可及的梦想。仅仅短短的七十多年，我们就把这梦想变为了现实。

如今，高峡出平湖、高原铺天路，在海上架桥、把南水北调，上九天揽月、下五洋探海……100 年风雨兼程，中国共产党带领中华民族实现了从站起来、富起来到强起来的伟大飞跃。

在迎来建党一百周年之际，总有些不和谐的声音想要唱衰中国，总有些不怀好意的人对加强党的领导不能正确地理解。

可中国人民在党的领导下，用一个个伟大的胜利让他们受到狠狠的"打脸"。

一个 14 亿人口的大国，面对突然来袭的疫情，一声令下，居家隔离；一声号令，无数医护人员逆行出征；一个决定，十天时间建起一座医院……

看看号称医疗技术最先进的美国，再看看同样的人口大国印度，你就知道，"还是社会主义好"这句话是发自每个中国人内心的声音。

放眼世界，更有哪个国家哪个政党敢于承诺在有限的时间内消除绝对贫困？

只有中国共产党，不但庄严地承诺了，而且，一声令下，无数的党员干部自觉投身扶贫队伍，扎实勤奋地工作，如期实现全面消除绝对贫困的任务。

正如习近平总书记所说的，党是我们各项事业的领导核心，古人讲的"六合同风，九州共贯"，在当代中国，没有党的领导是做不到的。"春秋大一统者，天地之常经，古今之通谊也。"讲的也是这个道理。任何一个国家，必须有一个坚强有力的核心来领导。放眼当下的中国，除了中国共产党，又有谁能承担这一使命呢？

如今的中国，已成为世界第二大经济体，已有了"平视"世界的自信和底气。我们相信，在中国共产党的领导下，我们必将实现"两个一百年"的奋斗目标。我们相信：

九州共贯，卓越冠寰宇；

六合同风，文化得传承。

2021 年 5 月 17 日

◎附作文题：

阅读下列材料，按要求完成作文。（原创高考作文押题）

1. 六合同风，九州共贯也。——《汉书·王吉传》

2.《春秋》大一统者，天地之常经，古今之通谊也。——《汉书·董仲舒传》

3. 一百年风雨兼程，中华民族迎来了从站起来、富起来到强起来的伟大飞跃。高峡出平湖、高原铺天路，在海上架桥、把南水北调，上九天揽月、下五洋探海……一个个梦想在中国共产党的领导下变为现实。

4. 传承文化就是传承精神。"迎来建党一百周年之际"，我们天问一号于 5 月 15 日成功着陆火星，总书记在贺电中又特别提到了两个关键词——"勇于挑战、追求卓越"，这无疑是中国"探火"精神的集中体现。

校团委举办"传承文化，共创辉煌"主题宣讲活动，请你综合三则材料的阅读感受与思考，写一篇主题宣讲活动发言稿。

要求：自拟标题，自选角度，确定立意；不要套作，不得抄袭；不得泄露个人信息；不少于 800 字。

设题解析：

（1）今年高考，时逢建党一百周年，相关作文设题已是很多，但没有一个有关于"党是领导一切的核心"的写作，而如今开展得轰轰烈烈的党史教育活动，无疑是要促使这一理念深入全党甚至全民众心中的贯彻。有鉴于此，并受启发于"天问落火"习近平同志的贺电中"勇于挑战，追求卓越"关键词，而拟此作文题。

（2）在具体拟题选择材料的过程中，我是经过反复筛选的，依据主要是"学习强国"中习近平同志的有关讲话。第一就是找习近平同志在阐释中国共产党是领导一切的核心这一理念时引用的古诗文，从习近平同志在 2014 年 1 月 14 日在中共十八届中央纪委三次全会上的讲话里，找到这一句："党是我们各项事业的领导核心，古人讲的'六合同风，九州共贯'，在当代中国，没有党的领导，这个是做不到的。"然后上网搜寻到它的出处和意思。"六合同风，九州共贯"语出《汉书·王吉传》，意思是全国各地风俗教化相同，九州方圆政令贯通划一。学生如果理解不了这句话的意思，写作的困难就是很显然的。之所以不作任何解释，也是高考选拔性考试的要求决定的。

为了辅助学生理解这一主题，第二则材料引用了《汉书·董仲舒传》里的"《春秋》大一统者，天下之常经，古今之通谊也"。这则材料意在强调"大一统"思想和中央集权政令贯通的重要性是中华传统文化的一个重要内容。这里的"大一统"更重要的是思想上的统一。这就很好地呼应了材料一中要全国"政令贯通划一"的思想。

材料三出自"学习强国"，但我在"一个个梦想变为现实"一句中特意加上了"在中国共产党的领导下"，如果稍有审题敏感的同学，应该就能抓住这一信息，从而使材料一、二、三建立起联系。这样就确保学生审题不会有太大的难度。

材料四既是误区，更是强化。主要是涉及"传承文化"不至于泛泛而谈的问题，因此强调"传承文化就是传承精神"。具体地说，这更是为写作情境任务而服务的。写作的主体是高三学生，总不可能要他们大谈特谈如何坚持党的领导这一太大的话题，因而最终落实在"坚持党的领导"就是要好好地传承传统文化中的"大一统"思想，传承"九州共贯"的精神，传承"勇于挑战、追求卓越"的精神，这样才能保证"传承文化"这一主题不会天马行空地自由发挥。

关于情境任务的设置。经过再三思考，最终定为校团委举办"传承文化，共创辉煌"主题宣讲活动的发言稿。需要大家提请学生注意的是，主题活动发言稿和主题宣讲活动发言稿还是会有比较明显的不同的，那就是主题宣讲活动必须更加突出主题。因此，此次写作中的"传承文化"更应该明确到"传承'大一统'的传统文化，传承'勇于挑战，追求卓越'的精神"。为了避免学生天马行空地谈"传统文化"的传承，我特别强调了"综合三则材料的阅读感受与思考"这一任务，遗憾的是还是有很多学生未能对这一任务加以重视，导致写作只能达到"基本符合题意"的层次。

弱而不悲者定强矣

犹记得，1932 年中国人刘长春参加奥运会，一个大国就一个运动员，可想而知，无缘奖牌；也记得，1952 年第一面五星红旗升起于奥林匹克体育场，却无法改变奖牌为零的纪录；直到 1984 年第 23 届奥运会许海峰拿下第一块金牌前，中国人始终难以摘下"东亚病夫"的帽子。

这是何等的耻辱啊！

中华民族不能输，中华民族不服输！

就是这样一种不服输的精神，不断地改写着奥运的历史，中国的体育运动迅速崛起，如今早已在奥运会金牌、奖牌榜上名列前茅。

弱而不悲者定强矣。此道理不只于体育，于个人于国家概莫能外。

历史更忘不了。由于清政府的丧权辱国，由于国民党政府的腐败无能，国家一直处于积贫积弱的状态。但是，中华民族骨子里的坚强，使许多先驱者奋起疾呼。青年毛泽东于《新青年》撰文呼吁："生而弱者不必自悲也；吾生而弱乎，或者天之诱我以至于强，未可知也。"

是啊，弱而不悲者定强矣。

君不见，浙江嘉兴南湖上，13 名代表宣布组建中国共产党，他们不因自己弱小而悲观，宣传马克思主义，发展党员，一步步壮大了自己的队伍；君不见，第一次国共合作失败，共产党员大量被屠杀，他们不因自己弱小而退却，果断地拿起武器走上了"农村包围城市，武装夺取政权"的道路；君不见，红军遭受第五次反围剿失败，湘江之役中央红军剩下区区三万多人，但他们不因自己弱小而失望，坚定自己的信仰，不但取得长征伟大胜利，更是最终打败国民党，建立起了红色社会主义政权……

我们目睹了国家由弱变强的过程，我们的经济总量如今已跃居世界第二位。这缘于中华民族不服输的精神，缘于中国共产党强有力的领导，缘于中国人对中国特色社会主义道路的自信，缘于我们对自己的弱点有清醒的认识……弱而不悲，奋发图强。

如今，我们的形势并不乐观，国际上新冠疫情形势依然严峻，以美国为代表的西方势力对我国各种围堵，世界经济整体下行的趋势，以及一些所谓公知对西方世界的吹捧，这些都让国人有些难以淡定。这就需要我们更加坚定我们的理论自信、制度自信、道路自信和文化自信，弱而不悲者定当越来越强。

请君谨记：生而强者勿自喜，生而弱者无须悲。中华儿女应自信，复兴梦想定可期。

2021 年 6 月 7 日

◎附 2021 年新高考一卷作文题：

阅读下面的材料，根据要求写作。

1917 年 4 月，毛泽东在《新青年》发表《体育之研究》一文，其中论及"体育之效"时指出：人的身体会天天变化。目不明可以明，耳不聪可以聪。生而强者如果滥用其强，即使是至强者，最终也许会转为至弱；而弱者如果勤自锻炼，增益其所不能，久之也会变而为强。因此，"生而强者不必自喜也，生而弱者不必自悲也。吾生而弱乎，或者天之诱我以至于强，未可知也"。

以上论述具有启示意义。请结合材料写一篇文章，体现你的感悟与思考。

要求：选准角度，确定立意，明确文体，自拟标题；不要套作，不得抄袭；不得泄露个人信息。不少于 800 字。

下 篇

书画兼修　诗文遣兴

第6辑　美术评论

水墨氤氲，气韵生动
——读贺畅庚的水墨画

　　湘乡画家中说到擅画竹子的，一定会有人提到贺畅庚这个名字；湘乡画家中说到擅画鸡的，也一定会有人提到贺畅庚这个名字。我认识贺畅庚先生已有多年，也常在一起交流画画心得，一起写生作画，常常打心眼里佩服他对于物象独到的观察与精到的概括能力。原来，现在早已名誉三湘大地甚至全国的朱训德先生和王志坚先生还是在湘乡的时候，贺老师就和他们一起写生一起画画了。我拜读过他的写生集，看他光是画鸡的速写怕就不下于千数吧，各种动态，令人眼花缭乱，一经他简洁的线条画出，栩栩如生。怪不得他一提起笔，几团浓浓淡淡的墨块下来，再加以线条的妙笔勾勒，一只只活泼灵动的鸡就立于眼前了。

　　我喜欢从一个人的画里来看这个人。贺畅庚先生画得最多的是竹子和鸡。看他画的竹子，直觉水墨氤氲，全然是我见所未见的模样。前人画竹，首推郑板桥，他的竹子体貌疏朗、笔力瘦劲，自有一番超凡脱俗的风格。畅庚先生画的竹子，看得出有"郑竹"的影子，但又全然不是那一番气度。他的画竹作品，总是能让人领略到一种潇湘风情。我们知道，畅庚先生生活在湖湘文化的发源地，又是诞生了像齐白石这样文化名人的湘中地区。三湘四水养育了他，这里雨量充足，一片片竹林常在雨雾之中，有竹林之处，便有人家。因此，他笔下的竹子，常常是画得水墨氤氲，而且是多以竹林的形式出现，竹林里也多是家乡最常见的麻雀。看得出来，畅庚先生在画画上是很有想法的。艺术的生命在于个性、在于创新。竹子是花鸟画家最常画的一个题材，一个画家要想以画竹来走出一条属于自己的路，几乎是不可能的，因为前人画竹已经那么成功，所以，哪怕是一点点的突破都是十分可贵的。畅庚先生很自觉地在探索着属于自己的画竹之路。他认为，艺术的源头在生活，艺术的创新在于艺术家对于生活独到的观察和独特的领悟。因此，他在下乡期间就开始留心生活中的点点滴滴，和画画爱好者一同写生，积累了大量的生活素材；回城以后，他更是在自家小院里种上了各种植物，特别是竹子。他一方面学习临摹前人的经典作品，一方面反复观察、写生，然后思考自己的艺术道路，他的性格成就了他画竹的新面貌。生活中的畅庚先生与世无争，无欲无求，人们常说"喜气写兰，怒气写竹"，畅庚先生平淡处世，没有大的喜怒，因此他画竹也特别讲究用水，即使是竹竿，也是淡淡的，竹叶更是淡淡的，重重叠叠，水墨氤氲，让人直觉来到了一片竹林之中，感受那氤氲之气，特别清心爽目。

再看畅庚先生画的鸡吧。鸡也是画家的爱物，但一般人画鸡，多是从别人的样板中来，没有自己的面貌。畅庚先生在乡下生活多年，回城以后，自家的一个小院子也就成了他养鸡的天地。鸡是好动的，畅庚先生却是好静的。他就是静静地观察着这些小生命，时不时就把自己的观察所得用笔画到速写本上。静静地蹲着的，悠闲地踱步的，从容地觅食的，激烈地打斗的，单脚独立的，仰头高鸣的，呼叫鸡仔的，争相抢食的……大鸡小鸡，各种动态，就这样在他那速写本上累积起来，翻看的人都惊讶于他敏锐的观察能力，精到的概括能力，超人的造型能力。正是这日积月累的功夫，真正让他"胸有成鸡"，画起鸡来的时候，无一不是动静得宜、形象逼真、气韵生动、活力十足。除了在造型上，他画的鸡动态丰富这一大多数画家也能做到的之外，他的画鸡题材的画实在是具有自家的面目，有人戏称之为"畅庚鸡"。在名家借鉴方面，他对黄胄所画的鸡是下过一番功夫的，而湖南画鸡名家欧阳笃材也深深地影响了他，但他又并不是这些大师们的翻版。畅庚先生画鸡，特别注重以块面来造型。外人看他画鸡，往往只见他一下笔就是浓浓淡淡的一些墨团的堆积，可是，一待到他再用几根线条一勾勒，就会惊呼叹服了。

畅庚先生能画的花鸟很多，每画一样都有自家面貌，即使是画人物，几笔速写下来，人物的神态、动作就呈现在我们面前。而他尤喜欢画竹和画鸡，这大概是竹子的刚直和鸡的五德与他的性格暗中吻合吧。

读畅庚先生的水墨画，是一种享受。读他的竹画，总让我感受到静静的竹林的氤氲之气；读他的鸡画，则让我感受到生命的活力。能画到水墨氤氲、气韵生动的境界的，放眼身边的画家朋友，怕也是没有几个的了。我为能和畅庚先生日日一起与画为伴，受他这种气息的感染而荣幸。愿畅庚先生在艺术的道路上将自己的特色走得更远。

乙未年正月廿二日于涟湘书画院信笔

信笔写江山，大美动人心

——杨德明兄其人其画

与杨德明兄相识，是在 2013 年 9 月。其时，我与他都在北京画院王培东先生大写意花鸟画高研班修习。班上同学虽不到十五人，但由于住处散布于京城各地，除每周两次学习的日子能得相聚外，平日里各自忙着画画的事，很少相聚。杨德明兄算是不住在一处而交往较多的师兄了。

德明兄是山西人，其时班上山西人算是最多的了，有四位。也许是我与山西人特别投缘吧，和我同住燕郊的是山西人朱俊卿老弟，每回上课，其他几位山西的师兄姐也坐得近些，不知不觉间，德明兄便开始走进我的朋友圈，走进我的心里。

一方山水养育一方人。吕梁山的大气、热情在杨德明兄身上散发得淋漓尽致。每次遇上，远远地就能听到他的招呼，与他在一起，也从不会觉得有语塞的时候。在生活中，他经营着一份在我眼里已经很不小的事业，在家装领域已取得不俗的成绩。家装就是一门实用的艺术，然而，德明兄并不以此为满足，他浑身的艺术细胞，绝对不会满足于生活的领域，他要让精神的世界也充满艺术的气息。于是，干好事业之余，他就在绘画艺术的世界里浸淫遨游。他在上世纪八十年代初即学习于山西大学艺术系，85 年又毕业于太原理工大学美术学院，本世纪初又进修于中央美院油画高研班。这些学习的经历使他在事业上如虎添翼，2006 年国家建设部授予他全国杰出中青年建筑师称号，2007 年获得"中国建筑工程鲁班奖"。这些荣誉成就了他，但这些成就永远满足不了他。于是，他再一次踏进了北京，投进了国画艺术的最高殿堂——北京画院，先后师从于山水画家谢永增老师和大写意花鸟画家王培东老师。在这里，他才找到了自己真正的艺术之路，从此一发不可收拾，终日浸淫于国画艺术之中，山水、花鸟同修，大好河山在他笔下呈现，一花一草无不迸发出热情，绽放着人间大美。

历来"画以人传"，人品第一，画品第二，只有品德高尚的人才能画出高雅纯正的作品，也只有人品好的人，其作品才能真正为人民群众所接受。如八大山人的作品中所透露出来的孤愤的心境和坚毅的个性，一直为人所景仰。读德明兄的画，从他的用色就可以感受到他的热情。德明兄擅画牡丹，也许正是牡丹缤纷的色彩最能让他的热情在画中得以奔放吧。每见他作画，用笔纵情恣肆，纯任性情的驱使，信笔挥洒，画面勃发出旺盛的生机。王培东先生说，写意绘画追求自然，以与自然浑然一体、身心俱遗、物我两忘为最高境界。德明兄是深谙此道的。他的写意花鸟，从不刻意追求图式与笔墨，"无法而法"，看似随意，却最见性情。从来画品如人品，在中国大写意花鸟画家中，从来不乏擅画牡丹者，但是大多数牡丹画媚俗之气太重，许多画家为了迎合市场，一味地追求柔媚、甜美，在形似上下了不少的功夫，更有甚者，以己之笔墨见长而瞧不起其他画家。殊不知，画虽漂亮，其格调却很难进入上品。我观德明兄的大写意花鸟画，艳而不俗、浓烈奔放、生机盎然，趣味藏于画面之中，性情迸出尺幅之外。我认为画画的人大致可分为两类：一类是为别人而画。这类画家画出来的画多取悦他人，因此不乏俗气。另一类人则是为自己性情而画。这类画家在画画时心中不会太多地去考虑他人喜欢什么，而是自己想怎么表达就怎么去画。相比之下，我是更崇尚艺术个性化的。没有个性就不是艺术，没有个性面目的艺术作品在我眼里也称不得上品。从这个角度，我是非常欣赏杨德明兄的画风的。

当今画坛，乱象丛生。很多画家，传统水墨功夫不扎实，却求成名成家，于是有了各种名目的"创新"。艺术虽然是可以百花齐放的，但中国画首先必须姓"中国"，而"中国"二字的精髓在于笔墨。虽然书法并不一定是中国画的基础，但中国画强调的是书画同修。几千年来流传下来的中国画经典作品，无不体现了中国画"笔精墨妙"的特点。因此，当你的画只叫"画"而不叫"中国画"，那你随便怎么画都是可以的，如果你不遵循中国画的传统来画，却又要说自己的作品就是中国画，那只能是贻笑大方了。我很欣赏德明兄对中国画传统笔墨的坚守，在他的山水画作品中，这一特点尤为突出。

读德明兄的山水画，首先夺人眼球的是他的热情所赋予山水的缤纷色彩。北方山水以青绿为主，南方山水则以浅绛为主，当代更有以大片的红入山水画而取得成功者。正所谓"笔墨当随时代"，我是认可这一观点的。和平盛世，人们安居乐业，追求丰富多彩的生活品质，这一点表现在国画的审美上，体现为人们也更喜欢赋予山水缤纷的色彩。杨德明兄可谓是紧紧地抓住了时代的动态，以他学习油画的经历所形成的对色彩的敏感性，对所画山水随类赋彩，充分表现了祖国大好河山的壮美！山水画用色，最容易形成的弊病就是色盖住了墨，盖住了线条，从而只留下视觉冲击力而少了点细嚼慢品的中国画味道。可是，德明兄的画却完全没有这样的弊病。读他的山水画，总是远远地被吸引，而又愿长久驻足去欣赏。这是因为他始终把中国画的线条放在第一位。看得出来，他在山水画中线条造型能力上是下过一番苦功夫的。无论是树木的枝干，山石的造型，房屋的结构，他都善于用线条去勾勒来表达。书法用笔，读到的绝不只是一幅山水画，观者必然于这错落有序的线条之中随着画家的笔墨思绪飞扬，这就使一幅画变得特别耐看起来。这也是中国画的魅力所在。所谓"吴带当风"说的就是中国画线条的魅力。因此，我便特别欣赏德明兄的山水画：热烈、大气、豪迈而不乏温婉和亲切。

生命之中，我庆幸自己拥有德明兄这样的画友。我相信，德明兄的艺术之路会越走越宽广，他必将拥有越来越多的像我这样的"粉丝"。听闻他不久将出版自己的个人画集，我盼望这一天早日到来，可以一饱眼福，解我饥渴。

丁酉冬月湘人黄翼新于古龙城笔

厚积而薄发，气象大可观

——赵玎才其人其画

2018年12月29日，"庆祝改革开放40周年湖南省首届写意花鸟画展"在长沙画院开展，共展出写意花鸟画作品121件，其中优秀奖作品20件。此次展览，可谓是湖南写意花鸟画界的一次集中展示和集体亮相。

自古以来，湖南就是中国花鸟画创作的重镇。两千余年前，《人物龙凤图》《人物御龙图》上的龙飞凤舞，马王堆"T型"帛画上的玄鸟吉祥，预示着某种伟大的起航。唐代长沙窑古陶片上的虫草绚烂和宋代易元吉绢本上的猿啼猴戏，则显示了湖南花鸟画的发展始终与中国花鸟画史同步。近现代以来，湖南的写意花鸟创作呈现出深厚的文化艺术底蕴和湖湘特色，产生了深远而广泛的艺术影响。齐白石的"红花墨叶"重建诗学审美，开一派时代新风；曾熙、肖俊贤、高希舜、陈少梅等画名宇内远扬；张一尊、邵一萍、黄永玉、王憨山等各成一家，构建起中华人民共和国成立以来湖南花鸟画创作的清晰脉络。此次湖南省首届写意花鸟画展的获奖作品在继承前人成果的基础之上，有了更多的开拓与创新，"紧跟时代步伐，植根于湖湘文化的底蕴资源，努力打通时代语境，以新的审美画语启迪思想、温润心灵、回归人文情怀"（魏怀亮语）。

参观此次画展的观众来自全省各地，大多是花鸟画界翘楚。人们都想通过此次观展，从中找寻自己的差距，学习到于自己可以借鉴的东西，开拓自己的眼界，为自己的创作更上一个台阶吸收养分。每一幅画前都有人久久驻足，仔细观摩品读，二十幅获奖作品更是吸引了大家的目光。

二十幅优秀作品中，一幅《大富贵》图让众人眼前一亮，三朵牡丹花傲然立于枝头，姿态正侧相呼，花瓣灵动透亮，几朵花苞或高高昂立，或隐于叶间，繁密的绿叶衬着红花，疏朗的枝干虬劲有力，一块大石头则恰到好处的镇住了整个画面，整幅画面空灵潇洒而生机勃发，甜而不腻，艳而不俗，一扫牡丹画在人们心中脂粉气太重的习气。每一个人都忍不住停住脚步，细品思量，更有人盯着此画的主人"赵玎才"三个字互相打听：赵玎才何许人也？为什么以前就没有怎么见过这个名字呢？写意牡丹竟能画得如此精美，这该是要下多少功夫才能达到的境界呢？

其实，早在一年前，"赵玎才"这个名字就赫然列在"湖南省第四届花鸟画大展"的入选名单之中，但人们往往只关注最优秀的那几个吧，于是就淡忘了，可仅仅一年时间，赵玎才的名字就让人不得不注目并刻于心中了。这一次，赵玎才以早被世人画俗了的牡丹获得了众评委的青睐，亦获得大众的叹服，连散点空间肖红亮老师都说："玎才这次以写意牡丹而入选并获得优秀奖，这是对他这几年继承传统而不乏现代美感追求的最好的肯定。"

一个艺术家的成长，是离不开他所生长的土壤的。赵玎才，湖南湘潭韶山人。湖湘这块热土，滋养了一代又一代艺术家，韶山，更是伟人毛泽东的家乡。毛泽东的诗词书法造诣非常深厚，每个韶山人，骨子里都以毛泽东作为自己最为骄傲的楷模。同时，韶山与齐白石的家乡原本就是同属于湘潭县，共同的文化浸染着，同一条文脉滋养着，在每一个湘潭人的心里，都有着这两位文化名人的影子，都受着他们的深刻影响。

在韶峰山下出生的赵玎才，从小就有了艺术的种子。初中时的一堂化学课上，化学老师发现他在课堂上画着画，正打算批评他，可拿过他的画一看，他画的正是氧化还原反应的仪器图。那简练的线条，精准的造型，竟然让老师忘记了批评，反过来在全班同学面前表扬起他的画来。这一表扬不打紧，从此，赵玎才心中艺术的种子生了根，并开始发芽，慢慢的滋长起来。在湘师读书期间，被美术老师许自明先生看中并选入美术兴趣小组，无论是书法还是国画，他都是兴趣小组中数一数二的。

"天将降大任于是人也，必先苦其心志，劳其筋骨，饿其体肤，空乏其身，行拂乱其所为，所以动心忍性，增益其所不能。"湘师毕业的赵玎才被分配到湘潭市特殊教育学校从事特殊教育工作，在这里工作的六年间，他每天所面对的是一些身体有残缺的特殊学生。可想而知，他的美术教学工作有多么的艰难。然而，他仍乐在其中，对每一堂课都一丝不苟，对每一个学生都手把手地教，培养他们的一技之长。他的学生中有考上大学深造美术专业的，至今仍感恩于当年小赵老师对他们的教育。在这所学校里，他不但收获了同学们的热爱，也收获了自己的爱情。在他的爱巢里，总是会有一个小小的角落是专属于他的领地，这里少不了的是一张画桌和笔墨纸砚，他就在他的书画世界里独自欢娱。

在特殊教育学校任教六年之后，赵玎才改行到了专业完全不对口的农业银行。工作期间，他完成了金融会计专业的进修，完成了从一个师范生到一个银行专业人员的华丽转变，并在工作中迅速成长，成为一名业务骨干。这样一来，他的工作越来越忙了，应酬也越来越多了，能画画的时间也越来越少了，以至于爱妻都说那张画桌可以丢掉了。

可是，内心深处对艺术的热爱是外力很难阻挡的。这些年来，即使搬了多次家，他都为自己保留了那张略显得有点小了的画桌，保留了自己的一方天地。他购买了很多名人画家的书籍。在他的画室里，成套的《中国花鸟画通鉴》《中国画大师经典系列丛书》《吴昌硕全集》《中国名家画集系列》《任伯年全集》《恽寿平全集》《芥子园画谱》等等，凡是自己喜欢的，他都想方设法买齐，并一一临摹。到现在，他前后浸淫于书画已三十余年矣。不鸣则已，一鸣惊人。以至于散点空间的成员都不称他"玎才"而以"天才"称之。

"天才"可不是一日蹴就的，观赵玎才的画，至少这样几个方面是大家都充分肯定的。

首先，他的画从传统中来，路子很正。他的书不是买来做摆相的，他买的每一本书都认真地看过，他买的每一本画册都认真地读过，并且，对自己喜欢的画心追手摹，直到画得自己满意为止。无论是富贵还是野逸，无论是调色还是用笔，也无论是经营位置还是花鸟造型，他都从前人法度而来。从他的画里，你可以读到唐宋的谨严，也可以读到明清的率性；可以读到任伯年的清新，也可以读到吴昌硕的笔趣。他钟情于小写意花鸟，对任伯年、王雪涛等小写意大家的作品进行过反复的临摹。因此，你读他的作品，可以读到他对传统小写意花鸟的理解。

他的画亦是从生活中来，很有情趣。生活是一切文艺工作者进行艺术创作的源泉，深入生活强调写生。而他从小就生长在农村，大自然的花鸟虫鱼伴随着他的童年。对自然的热爱，使他对身边的花花草草和禽鸟虫鱼最为熟悉，闭上眼都可以闻到花香，可以感知鸟的飞翔。这些，让他在临摹前人作品之时对物象的理解更加透彻，从而具备了别人所佩服的良好的"手性"。艺术的创作是需要天赋的，而这些正是成就他良好的艺术天赋的重要因素，使他能做到画什么像什么，画什么都能特别的鲜活生动。

他的画从性情中来，唯美而阳光。画如其人，什么样的人就画什么样的画。散点空间的成员们最了解赵玎才这个人，一谈起他，"高大帅哥也""谦谦君子也""好兄弟""全身充满阳光，充满正能量""严谨而有法度""热情而又率性"……溢美之词不绝于耳。他能酒而不贪杯，与朋友喝酒务必敬礼周全，酒后常率性而作画，时有逸趣。他一路走来，个中艰辛，自是不少，但他都以乐观心态处之。因此，他画画全凭自己兴趣，喜用亮色，画面追求完美。一笔一画，如教学之习，一丝不苟。虽已是农行领导，骨子里仍是教师风范。如一直身处特殊教育学校，向他的学生传递阳光一般，在他的画中，呈现出来的都是鸟语花香，清新自然。

他的画从思考中来，有自家面目。他以古人为师，以造化为师，以临摹前人经典作品为主，也偶尔出去采风写生。由于少了老师的指点，因此难免常有困惑。这时，他便会停下来抽上一支烟，对自己的画展开深入思考。哪怕是临摹作品，也会很认真地思考和原作之间的差距，并寻找解决的办法。创作的过程更是一个思考完善的过程。所谓"外师造化，中得心源"，每一幅作品，因为有了自己的思考，所以就把自己的理解融进了画面的处理之中。因为有了自己的思考，所以，进步就特别神速。每次把自己的作品拿出来，都能让人有耳目一新之叹。

他是一个对艺术有着一片痴心的人。以前，由于工作的原因，很少走入画家朋友圈，但他一直坚持着自己对书画的热爱，稍有点闭门造车，自娱自乐，因此难免进步不大。艺术在于交流，只有在交流的过程中，不断地向他人学习，不断地接受他人的指点，不断地提升自我，才能得到快速的提高。所以，他虽然画画近三十年，但一直未能在公众面前以画家的面貌出现。也有好几位朋友知道他的画画得好，特别是散点空间的肖红亮老师和陈光强老师，当他们知道他一直在画画，便开始与他交流起了书画，并邀请他加入散点空间这个在湘潭有影响的艺术团体。自从融入这个团体之后，他便如鱼得水，不仅激发了更大的创作激情，而且得到了亦师亦友的团体成员的指点，特别是肖红亮老师对他的影响，使他的进步非常神速，这也是他在散点空间很快由"玎才"被人改称"天才"的原因。一日不见，当刮目相看。两三年的时间，他就从散点空间崭露头角，并很快连续取得省展入选和获优秀奖的傲人成绩。肖红亮老师说"玎才的小写意花鸟画，是正宗正脉的，很俊朗"。这一切成绩之所以能这么快地取得，是与他三十年来的坚持积淀分不开的，正是"厚积而薄发，气象大可观"。

我与赵玎才老师本算是同乡，老家是相邻的两个乡镇，但很遗憾的是相识恨晚。第一次认识他时，还是三五年前的一次聚会，那是我沾师父王志坚先生的光，跟着去混了他一餐饭吃。其时，只知道他在农行工作，喜欢书画、对师父及一众书画家们有些倾慕，以为他不过是一位比较喜欢书画，爱与书画家交朋友的银行人。对他的酒量倒是留下了比较深的印象。看他在几桌客人之间一一敬酒，而自己不醉更不失态，始终不失君子之风颇有好感。但因为自己也只是一个无关紧要的角色，连联系方式都不曾留。后来，在湘潭市的几次画展中便看到了他的画，颇为惊讶并深为喜欢，很想结识这样一位书画同好。随着我与散点空间众多老师的交流增加，逐渐地便要到了他的微信，但也很少冒昧去打扰。这一回，花鸟画家协会主席张勇要我做一期推介他的公众号宣传资料，收到他发过来的图片和艺术简介，我便问："有人为你写过艺术评论文章吗？"他告诉我，暂时还没有。于是，我主动请缨，就有了这篇文章，就有了更深入了解他的为人和他的画艺的机会。

真的很荣幸能为他写点东西。我知道，我所写的，远不能表达对他的为人与画艺的真实解读，但一切都是我最真实的感受。是他的画感动了我，我的老师王培东先生是画大写意的，王培东先生的老师王雪涛先生则是小写意花鸟的一代宗师。在我的师兄弟中，也有一位特别擅长画小写意的，对雪涛师爷的画风可以说是继承发挥到了一个极致。我常是佩服有加。我自己是偏爱大写意花鸟，但对小写意花鸟的精到是常常自叹弗能的。因此，看到赵玎才老师的小写意花鸟画，我一见就喜，更让我惊喜的是他并没有被小写意束缚自己的手脚。在他的画中，绝不单单是某个大师的影子，而是已有些他自家的面目，这是尤为可贵的。

　　小写意花鸟，最怕也最容易犯的毛病就是流于俗气、品格不高。其实，小写意花鸟亦是有大格局的，但要有大格局的人才会有大气象的画。画画的人最忌的是铜臭味太浓，一味地迎合买家的口味。这就需要我们的画家首先不为"稻米"计。肖红亮老师一句话说得很好："如果赵玎才这几十年从一开始就在书画圈子里面混，他反而不一定会有今天这样的成就。"我也深以为然。因为只是一味地喜欢，而从来没有要以画来谋生计，所以他可以不考虑别人的需要，只顾画自己所喜欢的。更因为他一直在人生的这本百科全书中体验生活的滋味，并且活得滋润，比一般人活得更为潇洒轻松，所以，他的人生格局得到了大的提升。几十年的积淀在这个时候强烈地爆发出来，一露相便让人不由翘起大拇指称赞。

　　路漫漫其修远兮，艺术的道路永无止境，艺术家最重要的是有自家的面目。随着画画名气的提升，难免会有各种索画者，如何面对市场的诱惑，这是我们每一个艺术家必须面对的一个关口，赵玎才老师也必将面对这样的考验。但我相信，赵老师必将继续着自己的追求，并不断地提升自己作品的艺术格调，努力打破世人对小写意花鸟的执见，在画面的素雅上多点追求，在艺术的道路上走得更远。我祝愿他也祝福他！

　　　　　　　2020 年 4 月 12 日于书香庭院荷香斋记

第7辑　名家评我

水墨洋洋画境开

——读黄翼新先生的花鸟画

　　读黄翼新先生的花鸟画，心情轻松，如面春风；又感亲切，似曾相识。这是与他的生活环境和艺术追求分不开的。他生活的土地是湖湘文化的发源地，这里诞生了曾国藩、毛泽东、齐白石等一代文化名人。他的绘画之路一如他的为人做事风格，诚恳谦逊，务实而坚定。从思想感情到艺术追求上，始终贴近生活、贴近大众，使作品饱含着大自然原生态赋予的天人合一的境界。他笔下表现的大多是湘中风情：一群家禽、几只小雀，荷花数朵、葡萄串串，芭蕉棕榈、紫藤凌霄，池里鱼虾、园中蔬果，等等，都是画家田园乐趣和家乡情怀的艺术再现。这是画家的创作源泉，也是艺术之根。我很赞赏黄翼新先生的艺术主张：画身边的场景，让观众看了愉悦。这使得他的作品融入了生活，而生活激发的灵感更使他的创作进入了一种自由王国。这种自由，就是灵性的外溢。例如他画的水墨虾，鲜活生动、灵动洒脱，不难看出既有齐白石风范，又兼个人情怀。这当然是来自一种天赋般的艺术感觉，更是画家学习掌握了艺术规律后的进取和提升。归根到底，还是要回到最初的启蒙，即湘中田园生活的恩赐，人杰而地灵。这种田园之美，成为艺术造化，铸造着他作品的精神品格。他的笔下无论浓淡干湿的墨色都是通透晶莹的，既是家乡无尘无染的环境的艺术再现，又是画艺和技法的娴熟把握。

　　黄翼新先生其实是一个很有个性的人，憨实中藏几分幽默，谦和中有几分倔强，能够容纳别人，又不失掉自我，这种性格注定他的作品能与日俱新。始终秉承着自己的艺术个性和对现实生活不同视角的理解，在汲取多种艺术养料的前提下，把扎实的传统笔墨功夫融入到新的精神表现之中，构思颇出心裁，想象丰富奇特，洋溢着浪漫的气息，笔墨泼辣酣畅，不呆不板，不腻不滞，洋洋洒洒，初步形成了自己的艺术风貌。对于生活和艺术，他都不是一个媚俗的人，看他的作品，有一种旺盛的生命力扑面而来，呈现出和谐大气、绚烂多姿的时代面貌，让人耳目一新。从艺术表现的角度看，黄翼新先生的作品笔墨自由、物像简约、热情奔放，其构图、用笔、光色、线条、渲染都有很好的整体感，精神饱满，形态灵动，给人以逸气横生、洒脱自然、淋漓痛快之感。

大凡有造诣的画家，都是按自我的方法去观察，按自我的修养去思考，按自我的要求去表现，让个性化的思维模式和造型语言跃然纸上，也避免了流于一般化和庸俗化。黄翼新先生在花鸟画艺术上不断求索，苦修自悟，能够突破程式的束缚，终达涉笔成趣之妙境，我想应是得益于此吧。

欣闻黄翼新先生即将举办个人画展，可喜可贺！艺无止境，祝愿他能不断超越，与时俱进，画出更新更美的作品来！

陈曙光
2011 年 8 月于羊城

（陈曙光，美术学副教授，广东省美术家协会会员。娄师白入室弟子）

莲花宝地爱莲人

东台山翠，涟河水碧，山水之间，有一片神奇的莲花宝地，古老的东山书院就坐落在这一片神奇的莲花宝地上。这里，领袖将军诗人学者英才辈出；这里，百年学府传承着湖湘文化的精髓。龙城静客黄翼新就在这一片莲花宝地上默默耕耘，教学上硕果累累，教学之余，更是笔耕不辍，以丹青妙笔诠释着莲花的精魂。

莲，不仅是"花之君子者也"；莲，更是佛界圣物，是佛的象征。周敦颐的"出淤泥而不染，濯清涟而不妖；中通外直，不蔓不枝；香远益清，亭亭净植，可远观而不可亵玩焉"写尽了莲的风华。人们描述佛，总是坐在莲花宝座之上。莲的世界，脱俗、清雅，容不得半点尘垢。虽然总是生活在淤泥塘中，却仍然亭亭玉立，香播远方，不肯沾染半点尘埃，总是给人以远离尘世喧嚣的超脱之感。

画花鸟画者无不喜欢画莲花，工作在莲花宝地的黄翼新更是把画出莲花的精魂作为自己的追求。他给自己取名为"龙城静客"，"静客"就是莲花的一个别名。黄翼新画莲花，在继承前人的基础上大胆创新，作了很多值得肯定的尝试。如《荷塘新雨后》，画叶不受形的束缚，以大块大块的墨彩渲染出荷叶在雨后水珠四溅、青翠欲滴的朦胧美，而画荷花，更是作了大胆的夸张，化圆为方，再施以鲜艳的大红，突出了荷花在雨洗过之后红得更艳的美感。如《守望》，更是让读这幅画的人灵魂为之震撼：深秋的荷塘，荷叶已枯残，一只翠鸟独立枝头守望着春天。整幅画面，写尽了世道的沧桑，这是前人大写意画中所少有表现的，或者说，是前人所有意无意忽视的。《守望》一图，画的虽然是残荷，但一点不见破败之感，相反，荷花强烈的生命力随着强烈的视觉冲击扑面而来。《泥土深处藕香浓》正是这一种精魂的诠释：莲，可以说全身是宝，花谢了，结出莲子，叶残了，还有莲藕可为人们提供美味。正是这一文化的发掘，让我们透过画面上的荷，将美感不断地延伸。这就是黄翼新画莲花带给这个世界的启迪。

莲文化中"鱼"是一个很有意思的符号。像汉乐府诗所描述的："江南可采莲，莲叶何田田，鱼戏莲叶间。鱼戏莲叶东，鱼戏莲叶西，鱼戏莲叶南，鱼戏莲叶北。"诗人以鱼儿戏水于莲叶间来暗喻青年男女在劳动中相互爱恋的欢乐情景。黄翼新画荷花，就特别喜欢让一群一群的鱼"戏"于莲叶之间，这里的鱼，显然也已经成为一个符号，一个让画面变得更有生机更有活力的符号。黄翼新画鱼，只三两笔就将这鱼画活了，特别是总让它三五成群，"鱼戏莲叶间"的情境顿时让人想起汉乐府中所描绘的意境，从而使画面充满着诗情画意。

画家作画，应该明确为什么要这样画。八大山人也爱荷画荷，他画出的是那种遗世独立的灵魂。他作为明朝皇室的遗族，唯有在这象征极乐净土的莲的世界里寻找灵魂的寄托。潘天寿也喜欢画荷，他从石涛、八大山人、吴昌硕诸家中用宏取精，形成独特风格，不仅笔墨苍古、凝练老辣，且大气磅礴、雄浑奇倔，具有摄人心魄的力量感和现代结构美。黄翼新画荷，同样是从古人中走过来。可喜的是，我们从他的画作中看到了属于他自己的绘画语言。他师古人、师造化，同时借鉴西方绘画技法，在他的《守望》及同类风格的画荷作品中，我们看到了西方绘画艺术光与影在中国写意画中的表现，这种表现是值得肯定的。

每个画家所处的时代和他的人生境遇，决定着他对这个世界的审美认识。

现代社会，经济繁荣，艺术界更是百花齐放，作为一个画家，肯定要用自己的画笔来描绘社会，表现社会的主旋律。生活和工作在莲花宝地的黄翼新，对莲文化在当代社会的意义有独特的认识。他的《和谐》就很好地通过作品表现了当今和谐社会这一主旋律。他的《家和万事兴》画的是一瓶被采集到家中已枯残的荷叶荷花，但在他的笔下被赋予"家和万事兴"这一主题，使人一点也不因为叶枯了、花残了而感到沮丧，相反的，会使人联想起珍藏这瓶残荷的主人对于"和谐家庭"的珍视。在这一点上，黄翼新是深受家乡的画坛巨匠齐白石影响的，也是文人作画与一般人作画的最大区别。黄翼新在学校是教授语言文学的，有着颇为深厚的文化底蕴，又在湖湘文化、湘军文化的发源地生活和工作，深受传统文化的影响，在他的画作中，自然呈现出浓厚的文化气息。他生活的湘潭，有"莲城"的美称，他工作的东山学校更是坐落在一片神奇的莲花宝地之上。他对莲花的情有独钟，是湘潭人"莲花情结"的集中体现。

"莲花宝地爱莲人"，这是黄翼新对自己独爱莲花的原因作出的最简单而又最纯情的诠释。衷心祝愿黄翼新能用自己的绘画语言把自己对莲花的爱传递给同样爱莲的世人。

陈曙光

东山起凤听书声

——品析黄翼新中国画

搞文学和艺术的人要有出家人的心境，要淡泊功名利禄，用真心对待事业，长期磨砺积累，方有成效。画家黄翼新做到了。翼新出生于湘乡农村，看惯了农村的山山水水，1986 年从大学毕业后又回到他熟悉的环境——农村从事教学，在农村中学一教就是十几年。这十几年对他多么的重要。

还是在读大学期间，主修汉语言文学专业的翼新就爱上了书画艺术，在湘潭师院和同学们发起成立了音美协会，请一些艺术界的名人辅导书法美术，打那时起就开始了他的艺术之路。1985 年湘潭师院第一期院刊上就发表有他的书画篆刻作品，这似乎就是兴奋剂，引他对艺术穷追不舍。

翼新在农村中学执教时，在教语文的同时兼起了全校的美术教学任务，他把这看作是对自己书画艺术的促进和提高。我们知道，农村是文学艺术家成长最肥沃的土地，历代大文学艺术家就是在那片肥沃的田野中成就的。我们最熟知的艺术大师齐白石就在农村生活了近六十年，他将身边的一草一木写在诗里，画在画里，他的诗和画才如此有生气，能打动人。翼新走的也是前代文人画家的道路，他认为艺术要深入生活，艺术要有文学作为功底，因此，他总是在追求文学与艺术并进，技艺与品德双修。文学上，他时而有文字见诸报纸杂志；教学上，赛课在省级都拿一等奖，论文更是上了国家级刊物；艺术上，他参加县乡书画竞赛屡屡获奖。那时，他对绘画的认识是，语文老师能有这方面的修养，那将是互补。后来，他慢慢领悟到文学对艺术的作用，相互渗透，艺术的修养在不知不觉中就上了一定的层次。

转眼间十年如烟，市教育部门对他的教学能力有了充分肯定，把他作为骨干教师请到名民中学任教。城里的书画氛围远不是农村所能比拟的，他进城后，如饥似渴，在教学上继续取得辉煌的同时，对中国画艺术产生了更浓厚的兴趣。教学之余，他常与市里知名书画家在一起切磋技艺，谈画论诗，有时更深入田间山头，向大自然学习。

学与用，他都以一个"勤"字、一个"真"字对待。治学的严谨又使他成为了伟人母校、省示范性高中东山学校的语文骨干教师，更成了校内人人称道的书画名人。他一路走来，一步一个脚印地绘画、做学问。

读黄翼新的中国画，从他的彩墨荷花系列、水墨葡萄系列、紫藤凌霄系列，我们可以感受到他对水墨有种孜孜以求的传统情结，同时又不乏自己的探索和追求。他画荷花，在构图上，在形式上，在点和线的运用上都颇有新意，大胆地将色和墨相互渗透，让画面产生一种天然之趣，而对花所作的变形夸张，可以明显地感觉到他的个性张扬。他画葡萄，开始用色较多，后渐渐除去色彩，或少许用色，突出墨韵，以平面的手法塑造葡萄，让珠玑发出朴素的光点。在他的画中，我们很容易感受到一种书生气息。如他的作品《听》，就取醉画苑平常之景，以纯水墨写出，颇有雅趣，只要再去用心品读其题跋"辛卯之春于醉画苑小憩，主人茗茶以待，其时三五好友共品佳茗，又闻仙乐，意兴盎然，遂提笔研墨，取画苑之景写之，期三年犹如乐在耳畔也"，就很容易感受到平凡生活中的艺术趣味。他的中国画题材涉猎非常广泛。荷花、葡萄、虾、凌霄已能随心所出，牡丹、棕榈、家鸡、珍禽、虫鱼以至山水等也是颇有生趣，这不能不说是多年的农村生活对他的恩赐。

一个画家往往需要充满自信和新的向往，一面坚持自己的创作道路，一面不断调整创作方向，与传统、与生活作较量，这种创作方式能较好地丰富艺术创作。

我观看了他的一大叠作品，也不乏一些水墨写生作品。他用全新的理念和手法将构图、造型、用墨从传统中脱离出来，让画面散淡、轻松、雅致，而平面化。他的这种探索，极富叛逆精神，业界投以敬佩的眼光，并鼓励其继续前行。

中国画艺术创作的道路，异样艰辛，充满荆棘。翼新近三十年的勤奋学习、探索，才得到秋天丛林中一片红叶的回报，这是他将零星的时间汇集在作品中的折射。经验的积累是最好的老师。祝翼新在中国画创作里硕果累累。

辛卯年秋王志坚于莲城齐白石纪念馆

（王志坚，中国美术家协会会员，中国工笔画艺委会理事，湘潭市美术家协会主席，齐白石纪念馆馆长）

画画贵在画自己

齐白石先生说："学我者生，似我者死。"

黄翼新在我工作室学习一年。这一年里，这个来自齐白石故乡的中学语文老师，给我留下了深刻的印象。每一堂课，他交的作业总有不同的面孔。除了有对上一次课消化吸收的作品，更有他自己探索个人艺术语言的作品。我经常对弟子们强调，你们不要临摹我的作品，你们要追求属于自己的艺术语言。在这一点上，黄翼新是最让我欣喜的。他画荷花，在前人的基础上作了很多可贵的探索。从他的荷花作品，我们可以看到，他对八大山人、石涛、齐白石、潘天寿、张大千、李苦禅等是下过一番功夫的，同时，他又对我的大写意荷花进行了认真的学习吸收。一年的时间很短，但大家看到了他的提高，看到了他的艺术风貌。在毕业画册里，只有他的画别具一格。这一种格，是他在师法百家的基础上坚持自我艺术追求的突破；这一种格，是值得让人另眼相看、充分肯定的艺术风格。画画其实是画自己，一个画家只有将个性艺术地再现，他的画才具有顽强的生命力。可以说，黄翼新在自己的艺术道路上迈出了可喜的一步。

中国画是植根于中国传统文化的基础之上的，特别是文人写意画，我认为它是中国画发展的高级阶段。著名大写意花鸟画家王憨山先生主张"六分读书，二分写字，二分画画"，憨山先生是深谙中国画成就的根蒂的。现在很多画家都不愿意花多的时间读书，因此，造就了一大批画技很不错，但画作缺少文化内涵的画匠。可喜的是，黄翼新的画是很有文人气息的。翼新在大学攻读的是汉语言文学专业，毕业后又一直从事中学语文教学，终日浸淫于传统文化之中，这在他的画里有很深刻的反映。如他的作品《可望而不可即》，画面上一只公鸡一只母鸡带着一群小鸡，目光齐聚那柳枝上的蝉儿，似乎要去啄食，然而，在传统文化里，蝉餐风饮露，是高洁的象征，他又怎么舍得让那鸡儿给啄食了呢？于是他又补题诗句："柳拂斜阳蝉吟晚，鸡呼大小望美餐，空有两翅飞不起，爱心无奈付嗟叹。"再如他画那最平常不过的凌霄花、石头和水仙花。经他一题"三仙会"，并附诗："凌霄直上九天去，补天遗石恋凡尘，水仙临风心不动，安坐人间自称神。"这就还只是一幅普通的花鸟画吗？这就是中国传统文化融入中国画里所产生的无穷的艺术魅力。古今国画大家，无一不是将传统文化与绘画艺术完美结合，最终成为一代大家的。翼新能在画画的同时，努力使作品增添文化气息，这是令我最为欣赏的。

在他呈现给我的作品中，那几幅写生的作品也很值得一提。我注意到他的这些作品，大都盖有一个闲章——"师造化"，我平常就注重鼓励弟子们去大自然中学习获取创作的素材和灵感。前人论画，说要"外师造化，中得心源"，我很高兴翼新能充分认识这一点。写生，使得翼新的画面特别有生气、有灵气。无论是花鸟，还是山水，我看他的写生作品，都是生机盎然，而又具有自己的特点的。

王培东

（王培东，中国当代著名大写意花鸟画家，国家一级美术师，北京画院原创作室主任，中国美术家协会会员，齐白石研究会秘书长）

艺贵探索求新意

——观黄翼新作品有感

黄翼新在大家的印象中是一位近几年才活跃起来的中国画画家，实际上他在上世纪八十年代初期就已经开始了他的国画艺途。一直以来，他和许多画家一样在水墨里孜孜以求，在浸淫传统的基础上，力求探索出自己的笔墨语言。可喜的是，如今的他在自己的艺术道路上已经找到了一些个性比较鲜明的艺术语言，而且已将荷花这一主题发挥到理想之处。

作为画家要具备的基本条件：造型、构图、运笔、用墨的能力，他已有。画家要想有更高的成就，那就得看是不是具有较高的学识和较大的胆识了。就学识而言，他大学学的是汉语言文学专业，又一直从事中学语文教学工作，教学上非常出色的他，其深厚的传统文化功底我们毫不怀疑。最让我欣赏的是他的胆识，是他在绘画领域不断探索的胆识。艺贵探索求新意，这就是我读黄翼新的国画作品最大的感受。

一个画家胆识的高低主要体现在探索程度上。画什么不重要，关键是怎么画，怎么画就是探索。

中国画讲笔墨，笔墨是有传统的，传统也是在转换的。简单地划分传统的阶段为：古代、近代、现代。从历史文化长河中分析沿革所保留下的中国画脉络，清晰地告诉了我们，传统的中国画在进化中演变，也是需要变化发展的。翼新悟到了这一点，也找到了突破点。"荷"历代就被许多画家作为主题来专攻，并有很多成功的画家各自画出了自己的面貌，翼新因了自己工作在一片莲花宝地的因缘，也选择了荷花这一题材作为自己创作的主要题材，那么他能否从前人的经验中找到突破口，形成自己的艺术面貌呢？这虽然要有一个过程，但只要方向明确，往往理想随之而至。

展观翼新荷画，让我为他称颂。最初我看到他的中国画作品题材较多，前人的影子也较多，图式可以说一般。我也与他交换过意见，画风要变，不变就会显得陈旧，陈旧的画风就俗，画俗容易画雅难。他听进去了，他将笔锋转到了当代。他用了两三年的时间重新认识传统，脱去俗念，从而找到画荷的一套方法。尽管在探索中难免存在不尽人意之处，但毕竟有了自己的探索方向，那就是荷图重重叠叠上色上墨，勾线点染，试图将其画到极致——色、墨在荷图上达到画家心理上的满足。这种表现往往能使画面突出意境，特别是他的那种枯荷的创作，积色积墨效果更佳。

艺术家在创作过程中能够得到审美上的回报和满足，应是在自身探索上有心得、有建树。若果是迎合他人或人云亦云的东西就能使自己认同，这样也就不会朝着艺术方向去发展了。艺术是寂寞之道，需要澄怀观道，不是轻浮马虎去应付为之。故这条道险，没有捷径，世所谓弯道超车，行吗？他作品中一种好的迹象是：翼新在不断做功课，补回以前的不足。艺术要知足知不足，才会使自己越过一个个坡，爬过一个个山，攻克自己的难关而取得成效。

翼新近期的作品中荷为主题，他又将荷拓展得丰富，或使荷图厚重中舒展透光，波光粼影，空灵虚幻；或使荷图秀润间见性见情；或使背景留白，以剪影法突出物象；或使荷花与水鸟对话；或配以水草，打破呆板，增加画面生气和情趣，于是使画面多了一层刚柔对比及静动对比。同时，在他的花鸟作品中，也有以小写意画法创作的题材，构图饱满，勾染交织，真切动人。即便是写生作品，也体现出作者在抓住写生物象特点的基础上糅合了个人的创作意图。

综观他的作品，由此而倾其感慨，翼新是用心在做艺术。他不断在否定自己，又不断地朝着自己既定的目标前行，这让了解他的同行们为他合掌叫好。他的探索实践证明，既要知法理，又要破法理，破是寻找自己，使自己不被非艺术理障所迷惑。目前翼新在探索与积累中前进，在艺术上能否获得更大的成绩，这取决于他本人胆识的高低。从他的创作轨迹看，他已经有了一个飞跃，与他几年前的画展已有了大的转折，无论从法理、观念，还是在自信上都已然成熟，进入了创作极佳状态，这些缘于他的学识和修养。翼新天分高，又通过到北京进修学习和自身不懈的努力，日后的艺术成就未可估量，祈盼翼新的作品不断探索出新意来。

王志坚

2014 年 10 月 10 日

宁静通达境入禅

——黄翼新老师花鸟画艺术浅谈

黄翼新，湖南湘乡人，东山学校高级语文教师，课余之闲却好绘事、篆刻，且乐此不疲，是当地花鸟画名家。

我与翼新老师同在著名画家王志坚先生门下学画，且日有切磋，翼新老师更是北上入北京画院王培东门下深造，自此登堂入室，技艺日新月异，逐渐形成了自己的面目。翼新先生讲究骨法用笔，纵横之间法度森严。他对艺术的锤炼来源于他对先贤艺术的认知，从八大山人、徐渭、吴昌硕，到齐白石，到潘天寿、李苦禅、王雪涛，无不精研勤练，融汇在他作品的艺术语言之中。

翼新老师特别崇尚齐白石大师与王憨山先生的艺术理论，在"似与不似"之间兼顾雅俗共赏，在"读书、画画与写字"之间更重读书。他的本职工作就是一个语文老师，有精深的文学素养，对诗词歌赋有更高层次的理解和偏好，使画外之功尤为了得。他强调在师法古人的同时更多师法自然，因此，只要一有闲暇，就可以看到他背着画板在户外写生的情景。这与古人"外师造化，中得心源"的理论不谋而合。

翼新老师勤于并善于写生。他的写生作品，善于把前人技法和自己的观察思考融汇而形成独特语言，花鸟画造型精准，笔墨恣肆，千姿百态，美不胜收，使师造化、师自然有了完美的诠释。

翼新老师的花鸟画，用色非常有特点，大胆而热烈，如读盛唐古诗，无不生机勃然，清新秾艳，艳而不火，使身处盛世的人们能从一幅画中读到千年大国的强盛气象，产生强烈的共鸣。强烈浓艳的色彩，雄浑稳重的墨色，整个画面绝无甜俗市井之气，一幅幅气韵高古，从中可见八大山人、吴昌硕的神采。对文化的继承和发展，翼新先生已深谙其中三昧。

翼新老师的鸟，造型古拙，墨彩厚重，用笔爽利，可见于八大山人、苦禅先贤用功颇深，使其二者糅合而自成面目。有八大山人的野逸空灵又绝无其清冷孤寂的时代弊病，用苦禅先贤厚重的笔墨使每只鸟能毫光四射、精彩

可人。可见他在学习时是有选择的，也不迷信前辈高贤之万能，显示出特立
独行的文人品质。

翼新老师文科出身，有着高深的文学素养，一幅画的诗词、小序及命题，
都能使画面相得益彰。画外功课比画内功课更加充足，这是画家与画匠的主
要区别。作为艺术家，黄翼新老师无疑是非常优秀的，他的深厚的文学素养
和文人情怀为他的作品定下了个性鲜明的基调：宁静而有禅意。

翼新老师特别喜欢画荷，历代画家都爱画此题材，代有明珠，可见要独
树一帜，并非易事，然而他做到了。画面从一花一叶的简单到万花万叶之繁
复，都能感觉到一股清凉之意。读他的荷能使你马上静下心来，俗世的浮躁
和无聊都被画面的新爽清凉稀释得无影无踪，进入"一花一世界，一叶一菩
提"的禅境，净化了每位读者心灵，使读者和藏家看重，求画者以求荷为
宝，虽一画数千愈万，得者无不欣欣然为快也。今年3月29日北京翰海拍卖
第99期中国当代书画专场，他的四尺整张作品《最爱荷塘好清凉》拍出了
5.75万元的傲人成绩，大家都认为这绝不是偶然的，这仅仅是他的作品正式
进入市场的一个起点。

翼新老师天赋聪慧，勤奋努力，必将取得更高的艺术成就。我祝福他，
也期盼他，再给他一段时间，路在脚下，目标在更远方，只要能砥砺前行，
必定会收获更加丰硕的果实。最后写诗八句以赠：

数十年来意尚真，痴情纸砚付平生。

执鞭只恐青衿误，作画唯知白发新。

笔底烟云存古意，心中丘壑幻吾身。

凭君好鸟春长驻，更把百花写入神。

己亥暮春下浣静修斋主人贺继烈于龙城小舍灯下

第 8 辑 题画诗文

题画荷（23 首）

题画荷（一）
翠鸟枝头立，
秋来荷叶老。
水中鱼少未，
泥里藕正好。

题画荷（二）
红荷迎朝霞，
鱼戏莲叶间。
蜻蜓飞自在，
我心亦安然。

题画荷（三）
循芳信步至荷塘，
花开数朵送暗香。
犹喜莲蓬头高举，
金杯腹里珍珠藏。

题画荷（四）
夏日红荷送香远，
秋来花落叶也枯。
想那泥土深深处，
莲藕正熟待时出。

题画荷（五）

年年岁岁复朝朝，花花草草置案头。

秋深百花已凋谢，留下几许干苇草。

再看莲蓬与荷叶，岁月沧桑眼底收。

喜有蘑菇与莲藕，一扫心中忧和愁。

更见红柿心头亮，知有金果挂树梢。

题画荷（六）

历经春夏到秋冬，

水温深浅俱不同。

世人多喜荷花盛，

我爱莲藕在泥中。

题画荷（七）

荷塘水光赤，

落日映余晖。

晚来犹好兴，

再捕一鱼归。

题画荷（八）

天天池中戏，

秋来荷叶少。

水凉犹不觉，

莲塘可终老。

题画荷（九）

经春历夏不觉秋，

叶枯花落荷杆留。

夕阳晖里问老伴，

明日可否再来游。

题画荷（十）

一花一叶加一石，
鸟儿凝眸若有思。
借问画翁何所似，
龙城静客是荷痴。

题画荷（十一）

日日莲塘过，
原本一荷痴。
何由无画兴？
尚可一吟诗。
即时提画笔，
写取两三枝。
鸭儿纸上戏，
春心共我知。

题画荷（十二）

从来画荷最无法，
古今大师亦无天。
若有一画能传世，
不枉人间活几年。

题画荷（十三）

砚田辛劳三十一，
尝尽苦来始知甜。
如今最爱写莲叶，
待到花开便成仙。

题画荷（十四）

人生第一要紧事，
在于心态放平和。
如有闲事心头搁，
且到荷塘一吼歌。

题画荷（十五）

莲花开正盛，

清香遍地闻。

鱼儿叶底戏，

人在岸上枕。

何由不归去，

心醉头已昏。

写取两三枝，

留作壁上珍。

题画荷（十六）

鸳语

相伴相依莲塘幽，

卿卿我我语未休。

春去秋来荷叶老，

兀自陪侬画里游。

题画荷（十七）

莲花开正盛，

相伴戏荷塘。

叶繁枝儿密，

最好捉迷藏。

题画荷（十八）

莲花宝地爱莲人，

痴情水墨写荷风。

日日涂涂又抹抹，

和和顺顺更精神。

题画荷（十九）

"一带一路"开新局，

和谐盛世入画图。

小康社会中国梦，
生活富足百姓歌。

题画荷（二十）
六月风景看荷塘，
莲叶接天把伞张。
立身枝头鱼不见，
饱餐归来赞我强。

题画荷（二十一）
梅兰竹菊称君子，
莲花更是具佛心。
如来宝座拿它垫，
观音足下生祥云。
众生和乐因荷寄，
周公一说诉衷情。
日夜写之无烦厌，
喜有禅意入性灵。

题画荷（二十二）
莲花宝地有荷塘，
从春到夏播芳香。
秋来叶老杆犹挺，
生命在此显坚强。

题画荷（二十三）
时光荏苒几度秋，
不厌荷塘日日游。
只要天天有你伴，
哪管冬夏与春秋。

其他题画诗（41 首）

题画鸡

柳拂斜阳蝉吟晚，

鸡呼大小望美餐。

空有两翅飞不起，

爱心无奈付嗟叹。

题画鳜鱼

相约桃花溪，

春来鳜鱼肥。

与君相伴老，

直到可以飞。

题画麻雀图

燕雀由来遭嗤笑，

湘楚画家偏爱它。

飞来飞去好自在，

世事纷争全被抛。

题凌霄花

有凌云之志，

号九霄之花。

诗家多有赞，

画者更爱它。

题三仙会图

凌霄直上九天去，
补天遗石恋凡尘。
水仙临风心不动，
安坐人间自称神。

题四时鲜景图

闹市居家身心疲，
常思亲近大自然。
庭院栽来盆盆景，
春夏秋冬四时鲜。
丹青绘梅写兰草，
再描霸王和水仙。
神仙君子齐相聚，
我辈心头始怡然。

题鹤望红写生图

天堂一只鸟，
恋世下凡尘。
化身为花草，
人称鹤望红。

题兰草图

草三丛，花两簇。
香淡远，性脱俗。
人之生，本在活。
品位高，自乐足。

题画虾图

百万雄师过大江，
争先恐后现锋芒。
任它强敌来阻挡，

直教哭爹又喊娘。

题画白玉兰

娇容何必让人夸，
自是东风第一花。
梅韵菊芳浑不羡，
无边春色到我家。

题岁寒三友图

岁寒三友松竹梅，
画者爱它纸上栽。
栽来可到墙头挂，
朝夕相与寄情怀。

题画鸡冠花

谁道初冬颜色少，
我偏玉立向寒风。
纤纤绿叶迎霜笑，
一抹深红报晓空。

题画牡丹花

众人之爱牡丹花，
寓意富贵和荣华。
我辈喜它颜色好，
浓墨重彩个个夸。

题画葫芦

留得葫芦架上老，
摘来盛酒随身挎。
济癫视它为宝物，
家家来年又种瓜。

题画杨柳黄鹂

入夏天炎热，
杨柳垂绿荫。
更有黄鹂鸟，
好音伴我行。

题画丝瓜

食品最宜为绿色，
蔬菜瓜果人人夸。
可叹如今世风坏，
菜篮工程有谁抓。

题画棕榈小鸟

一树棕榈忆少年，
割棕换取饭米钱。
如今不再忧口食，
却惜乡村荒了田。

题画荔枝

岭南大荔贵妃恋，
东坡更喜日啖之。
如今不用动军马，
市场充盈有你吃。

题画虾

虾兵体小力不强，
大海深潭俱敢闯。
结队成群齐上阵，
可与蛟龙斗一场。

题画菊

秋来最爱菊，

随君至南山。
酒醉好相伴,
归家再理衫。

题画棕榈
庭院棕榈高千哞,
原是年年割几层。
今日红果挂满树,
历尽劫难方有成。

题画梯田 (一)
元阳归来意犹酣,
梯田美景绕心间。
层层叠叠皆有色,
一倾彩墨赋诗篇。

题天梯
云遮雾罩哈尼田,
海市蜃楼在眼前。
不求常做仙家客,
也乘天梯下凡间!

题画梯田 (二)
哈尼梯田久仰名,
千层万级步步惊。
春来蓝天映碧水,
写入画图好清新。

竹林行吟图
踱步行至竹林前,
空山不见有七贤。
且任自身无拘束,

闲情逸兴每一天。

题画竹 (一)
一片两片叶，
三竿两竿竹。
满满都是爱，
满纸是祝福。

题画竹赠建行行长
力挺行风正，
耕读家声传。
清气留湘楚，
节品万口宣。

题画芭蕉公鸡
觅觅复寻寻，
芭蕉叶底行。
偶有新发现，
呼朋享友情。
同在世间走，
缘分最可心。
珍惜每一日，
天地长久亲。

题画葡萄
学画葡萄三十秋，
勾藤写叶点硕果。
极目红紫好颜色，
籽实福满喜气多。

题画水墨牡丹
牡丹花开蜂蝶忙，

富贵雍容气大方。
国人皆爱缤纷色，
我以水墨写其芳。
不论有无知音赏，
且把诗句题其上。
他朝若得人买去，
引为知己友谊长。

题画竹（二）

新年画竹一丛丛，
平安二字记心中。
顺祝天下老百姓，
共赴小康把梦种。

题初七人日写竹林七贤图

竹林有七贤，
美名后世传。
初七为人日，
写此且为欢。
早送瘟神去，
还我好人间。

题画五福图

蝙蝠由来兆吉祥，
而今名为病毒扬。
本为自然生物主，
却变人间一碗汤。
非典犹忆痛心扉，
新冠肺炎成国殇。
世上因果皆如此，
不是天祸莫怨伤。
劝诫诸君积口德，

别把野味当私粮。
五福临门家多瑞，
幸哉吾辈得安详。

题画桃花源图
世外桃源信难求，
如今人间美景多。
日日泛舟桃源里，
夜夜笙歌到白头。

题画紫藤
一树紫藤当空舞，
春风搔首竟踟蹰。
摇曳多姿色妩媚，
蜂飞蝶戏和谐处。

题画丝瓜
常忆菜园竹篱笆，
时蔬鲜果满架爬。
最爱丝瓜好美味，
汆炒烧熘都喜它。

题画葡萄
明珠串串惹人馋，
吃不到时说它酸。
饱尝之后写纸上，
甜美一直留心间。

题画枇杷
一树枇杷立中堂，
四时满屋亮金光。
天空更有祥云照，

佑庇全家永安康。

题画红梅

寒冬时节红梅开，
融融春意暖心怀。
气爽神清无惧雪，
老汉稳坐三尺台。

于友人家笔会即兴

冬日相约汝南堂，
主人情盛客兴隆。
屋外拈来兰与竹，
留取一笑伴芬芳。

题画牛转乾坤图

庚子年岁不安宁，
只因硕鼠闹不停。
今日牛来时运转，
荷花池里气象新。

题画杂感（7 则）

题画兰所思

　　梅兰竹菊四君子者，实为文人将人之品性赋予花花草草之典型也，追溯其源，还得从屈子香草美人之喻及诗三百之比兴说起，此乃中华传统文化精华之一也。四君子中余犹钟情于草本之兰，盖因生命之微，不过草木耳。而兰常生于幽谷，不惧环境之艰，其香悠远，以之喻君子，实至名归也。

　　　　　　　　　　　丁酉冬月湘人黄翼新兴笔写兰并记之

壮哉梯田

我生长在南方小山村，对梯田从小就不陌生，在没有到过云南哈尼、广西桂林之前，并不以之为奇，前两年特地去了这几处地方，目睹漫山遍野的梯田错落起伏，方识梯田之壮伟，感叹祖辈先民战天斗地，向大自然作斗争的气魄，读到了真正能代表农耕文明的壮美史诗。土地是神灵的恩赐，梯田是山民的图腾。我是农民的儿子，也曾有过在梯田劳作的体验，深知个中滋味，非一般旅游者所能体会者也。幸遇好时代，多处梯田已成为非物质文化遗产加以保护，梯田成片地域已开发成旅游胜地，然当地村民仍在继续着日出而作日落而息的耕作方式，谨以此向真正的非物质文化遗产保护者致敬！

丁酉夏月湘人黄翼新并记

题画梅忆母亲

家门口，有母亲生前手植梅树一株。每年立春之前，满树花开。此时目睹花开之繁茂，总是心念母亲。吾父虽在，但少了母亲，家总是少了点家的味道，兄弟们也聚不久长便各奔前程。于是常常想起母亲。今写此意中之梅以寄。

丁酉岁春日湘人黄翼新记之

题画竹有感

花之四君子中，竹可说是最为世人所称道者，"宁可食无肉，不可居无竹"，由此可见一斑也。吾喜竹，屋前楠竹丛生，儿时常与伙伴戏于其间，其乐无穷也。今身处闹市之中，每至春夏之交，总喜回到老家，于竹林中寻觅新笋，为美食之最也。今年雨水太多，新笋至今犹未出土，无迹可寻，归来作此幅以慰吾怀。

龙城静客黄翼新记

本命年新春杂记

乙未新春，天雨，城里很是清静，此时最热闹的当是乡下了，颇怀念那拜团年的岁月，一大早，即与小伙伴们成群结队从东家串到西家，不到一上午，糖果就塞满了我们的口袋，随后找一处专属孩子的天地，尽情地玩着我们的游戏，这样的新年那才叫年味十足啊。

今天，我就静静地呆在家里，什么也不想干，哪里也不乐意去，烤烤火，看看电视，发发呆，想想这些年遇到的人和事，看看自己能不能真正的静下来。

我知道，在这个世界上一个人想要真正静下来是多么不容易，而画画则是少数能让人沉静的方式，我就这样画着自己的画儿，整理着自己的思绪，心，就在这写写画画之中得到平复。人生短短几个秋，如蜉蝣寄于天地之间，生命之长度无法掌控，惟有提升生命的质量，让生命在艺术天地里绽放光芒。此余本命年新春之所感也。

龙城静客黄翼新记

荷香雅韵

莲，最为高洁之花也。君子爱之，世人亦喜其雅致。余一介书生，不慕名利，常放浪形骸于荷塘之畔，亦痴亦狂，时高歌遣兴，时酣醉其旁，不觉日之西沉也。自号龙城静客，以为乐也，冀能于山川之间，得天地之静气，怡情悦性，修养身心，以慰平生之志。

丙申腊月湘人黄翼新记之

荷塘遐思

夫中国画者，常以水墨为之，故又名水墨画也。尝以己作荷花示友人，其曰：君之画真美也，然画中荷叶何为黑色也？一时语塞，竟不知何所对也。嗟乎，后闻文盲不可怕、美盲才可怕，信之也。

丁酉正月湘人黄翼新记之

第 9 辑 亲情友情

咏闲人茶舍

闲来相聚可聊天，
人约三五皆有言。
茶余饭后好去处，
舍得功夫兴致添。

云南建水团山民居游即兴

江西张氏大迁移，
团山筑舍起新篇。
世代得享皇恩赐，
如今仍为政府念。
发展旅游保古建，
传承文化万万年。
古村一转犹感叹，
何日能来住几天。

题友人家枯藤

生命，就在这几根藤上；
精彩，就在这一弯茎上。
激情，在这里缠绵；
思想，在这里奔放。

闲坐街头即兴

静看车流过眼梭，
无惧声杂没烦忧。
人生不过一瞬事，
且坐街头乐悠悠。

子任大厅重装感怀

常记书院日暮，
精彩故事无数。
回头望东山，
知否，
知否，
画墙已被平抹。

半百之岁吉日感怀

半百光阴过眼前，
家乏成就也无钱。
证书半摞成废纸，
画作三张当宝笺。
不悔年华似虚度，
犹喜青春常乐天。
岁月蹉跎已然过，
雄心依旧著诗篇。

和黄翼新感怀

文军

五十云路现辉煌，
废纸成堆显同行，
如今作画从头阅，
雄心依旧少年郎。

元旦假日即兴

元日假期懒起床，
推窗满地铺银装。

瑞雪如期飘飞至，
丰年可望稳步光。
憨牛雅集明朝会，
花鸟网展今正忙。
顶风踏玉上街去，
一倾即戴满头霜。

游南洞庭湖湿地公园

茫茫洞庭久系情，
沅江渡口泛舟行。
水波涛涛惊野鹜，
歌声阵阵喜同心。
岛上农家捕鱼乐，
湖中游客采风欣。
一日犹觉意难尽，
更期秋冬写生临。

山西游有感

人说山西好风光，
大院古城寺悬空。
北岳恒山风景美，
五台文殊佑众生。
三晋由来史迹富，
更有八路起风云。

乌金遍地尤傲世,
小米步枪逞雄强。
太行纵贯八百里,
黄河壶口中华魂。
一朝票免召游客,
万人齐涌车流忙。
景象繁荣手脚乱,
东奔西跑马观花。
风景虽美难留客,
无奈吃住都不香。
如今旅游拼服务,
花钱受罪人难扛。
也想买点土特产,
难有产品动我心。
旅游经济政策好,
山西发展路还长。
愿有机会再来游,
那时真是好风光。

想你,我的妈妈

想你了
这种心思
已经有了二十三个年头
而今天
尤为浓烈
我的妈妈

你在的日子

我心有归依
隔三差五地
就跑回了家里边

东屋跑到西屋
哪都是自己的房啊
吃饭从来伸手就可以端碗
要菜自己就去园子里摘
山是自家的
地是自家的
所有的所有
都是我自家的啊
我的妈妈

那一年开始
回家叫不应你
看不到你
忽然就觉得这个家生了
走到哪都是在别人家里了

家里的床也认生了
饭吃完就坐不住了
园子里也没有随手可摘的菜了

妈妈
为什么你就不在了呢
你急着去那边干什么去了呢
那边的世界有什么让你赶着去的啊
你就不知道你这一走
我们想你了都不知道怎么办了吗

妈妈

今天是你的节日
你在的时候
天天是我的节日啊
你在的时候
你又何曾有属于你的节日呢
现在有母亲节了
我却找不到你了

妈妈
你知道吗
这两年
我连上你坟头看看的勇气都没有了
我怎么就这样脆弱呢

妈妈
我想你了
在今天
这个本来应该有你的日子里
这种心思把我全部占满了

我唯一能做的
就是把你的照片找出来
放在这里
一遍又一遍地看着你
直到泪水模糊了视线

妈妈
我想你了
今天
特别特别想

医院陪父亲

时间，7:55
我
就在这里傻傻地坐着
为您准备的轮椅
等不到您的坐起
您
我的爸爸
您是否还记得
今天这个日子
每年的这一天
我们都会早早的回家
陪您
为您的生日祝福
今天
我比往年来得更早
却不是回家
而是在这 ICU 的门外
只能陪着为您准备的
轮椅
爸爸
您进 ICU 已经八天了吧
不是说您已有些好转了吗
可
今天
这个本应该充满欢乐的日子
为什么还是只能

一个人傻坐到这里呢

爸爸

昨晚我翻来找去

竟然找不到

和您单独照的一张合影

我多么想

在这个日子里

和您来一张合影啊

可是

就连这个小小的愿望

您都忍心让我

不能实现吗

五十年了

您的笛声还悠扬在我的耳鼓

您的竹雕还闪现在我的眼前

您那一夜背回来的一网鱼的味道

还在让我把口水吞咽啊

我似乎还在陪您一针一线的编织着鱼网

我似乎还在和您一起开着通向新家的路

我似乎还在和您踩着泥浆放砖

我似乎还在和您猫着身子挖井

我似乎还在和您踩着扮桶扮禾

我似乎还在和您挑着秧苗奔走

……

爸爸

太多太多的辛苦

我与您一同体验

太多太多的欢乐

您为我创造为我传递

那一次顽皮

打伤别人家一只小鸭

您那一身凛然正气

至今留在我的记忆
那一回田头偷懒
妈妈严厉的责骂
您的袒护
让我倍感温馨
那一年考大学
您的一句没关系考不起明年再来
让我顿时压力全无
上大学的路
那是我的第一次出远门啊
又是您的全程陪送
让我心里充满喜悦
如今
妈妈离开我们二十多年了
也只有您
可以带给我有家的感觉了
可是
今天我想回家
却再也回不去了
您
躺在里面
连见个面
也只能等到下午看视频了
爸爸
您知道吗
我就在您的外面
就在为您准备的轮椅旁
您知道我为您买轮椅是在等您康复的那一天吗
到了那一天
我要推着您去看看这个变化太大的世界
爸爸
您知道您好久没有好好看外面的世界了吗

每当家里有人过生日
您总是打电话给我
提醒我别忘了送个祝福
可今天
今天是您的生日呢
您忘了吗
爸爸
我在等着您
回家

居家为病中父亲守夜而作

夜，已很深
电视在陪着我
弟弟在旁边的床上陪着我
陪着我的还有
父亲时高时低的鼾声

这是一个特殊的夜晚
现在已经是重阳的时分
弟妹在前天就特别叮嘱我
一定要在这个节日的夜晚来守护着父亲
怕的是
这个特殊的日子
爸爸会挺不过去

现在说来还是前天
弟弟弟妹他们就吓了好几跳
前天晚上

弟弟就连续打了我六个电话
半夜里醒来
我也吓得赶紧回电话问爸的情况
挂断电话
我不觉间已是泪流满面

从医院里回来
已是一百多个日夜
爸就在旁边的床上躺着
几乎没有离床半步

声音和气息
一天不比一天
妹妹不断送回家的那些产品
延续了爸的受罪时日
这就是儿女
明知爸已经不可好转
明知这样是延续了爸受罪的岁月
可还是愿意自己也陪着受罪

昨晚回来
爸的情况明显比前天要好
我知道
昨天肯定又多吃了那些产品

此刻
爸的鼾声正浓
我也能平静地整理点文字
我相信
这一个夜晚
一定会是继续平静的

多么希望有奇迹发生
可
还有可能吗
抚摸着爸的手脚
除了几分热度能让我稍有心安
那摸上去只剩皮包骨头的身体
让我的心都碎了
更有那因久卧不起而生的褥疮
让我完全不忍直视啊

想起了妈妈
您虽然走得那么匆匆
可那是少有痛苦的
爸爸为什么就要受这样的折磨呢
妈妈
您在天是不是有灵
如果您知道
可不可以佑护老爸

爸
感谢您的坚强

悼李立先生

想起了这个人。
他是那么的慈祥
是那么的平易近人
我与他离得很远
只能是抓住机会留个合影一张

但分明又是很近
因为他留下的作品
常常捧在我手心
汉印风范
白石遗风
读他的印
就如读他脸上的沧桑
如今
他离所有的人距离都一样的远
而我却觉得我离他更近
——以此悼念我敬重的李立先生！愿先生的灵魂归于天堂！

中秋，师兄弟陪师父师母赏月

又是一年
月，从秦汉到宋元
都是这么圆
我们陪师父赏月
没有竹园
也没有池塘

推开窗
看到的只是高耸的
层层叠叠的窗
有亮着灯的
更多的是黑乎乎一片
天，并无一片云
圆圆的婵娟
在高楼大厦的灯光之下

已没有唐时的明亮

室内
灯火通明
赏月的兴致
是一杯酒
是一盏茶
推杯换盏
话短情长

天使的声音

——赞人民医院护士庞柳

疾病是一只恶魔
总是将一个个好人折磨
善良的受磨的人啊
无助地躺在病床上
医生、护士
穿梭病房
只有你的脚步最是匆忙
你的动作专业利索
你的神情专注精神
任什么时候一声召唤
你匆匆的脚步
带着一声"来啦"
便温暖了患者的心窝
就来了哦
不要好久了嘞
只有一小瓶了嘞

给您快点点打要得不
可以嘞这个是消炎药嘞
您今天总共有十瓶啊
这还是第二瓶啊
这里的啊永远是降调
一句句
轻声细语
满是温馨
满是温情
让我听到了
真正的
天使的声音

雪，你的花儿呢

天下着雪
可我忍不住，想问
雪，你的花儿呢
我爱你，雪
可我更爱你的花
那漫天纷纷扬扬
总是让我忍不住想着
撒花的仙女啊
伸出手掌
试图捕捉住
那最大的雪花
然后鼓起眼睛
细细地去瞧
多美呀

简直就是精灵的化身

这样的雪花

才会让大地变成洁白的一片

踩在它上面

软软的

更伴随着吱嘎吱嘎好听的音符

心是醉的

兴致一来

可以在上面打滚了

或者就在上面印个印儿

然后傻笑着

至于打雪仗堆雪人

那也一定得你雪花儿的降临啊

现在我是看到雪了

可是，你的花呢

我的雪花呢

大理巍山过年有感

父母在，不远游

今年，我在巍山过年

姐一家的热情

这个年，我是过得很开心

可静下来

想爸想妈想亲人

父母在，人生尚有来处

父母不在，人生只剩归途

鞭炮声声

年味浓浓

这里有蓝天白云

有古城村庄

更有热情好客胜似亲人的姐一家人

一早，心却飞到了家乡

哪怕是在父母坟头

烧一把纸

上一炷香

内心的宁静

还是在家乡

终于知道

只有团聚

才是真正的年味浓浓

第 10 辑　散文随笔

妈妈，我想你了

妈妈，我想您了。今天，特别地想。

妈妈，您离开我们，算算已有 27 个年头了吧。那一年，您也就我今年这么大的年纪。不，准确地说，您还没活到我这样的年纪呢，因为，今天我已满了 54 岁了，而您还只能说虚岁 54 就走了。

那个时候，没有谁会想到您会这么突然离开我们，尽管您的身体一直不好，但也没有严重到让我们担心您会突然离我们而去呀。更何况一直要吃药看医生住院的您，在您离开我们的前半年时间里很少要去看医生了，我们正为您身体日渐见好而高兴呢，为何竟然没有任何征兆就突然撒手离去呢？

我清楚地记得，那一年我正承包着镇上的剧院，开着一家歌舞厅，每天晚上歌舞升平的，正在为着家庭美好的未来奔波忙碌呢。可是，忙到年底，都快要过年了的时候，都在计划着哪几天关门歇业回家陪您过年的时候，突然，在腊月二十六的早上，我们被从睡梦中叫醒，堂兄小平哥从家里急匆匆赶过来，把我们从睡梦中叫醒，我本能的一惊，随即堂兄的话就印证了我的不祥预兆：您——永久地离开我们了。

事实就这样摆在我的眼前，您躺在床板上的身板让我知道，我再也叫不醒您了。妈妈——尽管男儿有泪不轻弹，可，那一刻，泪水溢满眼眶，再也止不住哗哗地流啊。您，就这样走了，您知道我的心是多么的痛彻肺腑吗？

此时，那一刻的情景就在我的脑际；此刻，同样的泪水又悄悄地从眼眶里冒了出来。妈妈，这么多年来，我一直就在想，怎么我的妈妈就不能活到现在这个时候呢？为什么您就不能享我们子女一天的福呢？

您为我们付出那么多，您为我们的家付出那么多，您培育了我们兄弟姊妹，有两个同一年考上了大学，有了很好的工作，有一个都成不大也不小的老板了啊。我们有能力让您安享晚年，享受天伦之乐啊。

子欲养而亲不待，这种痛已折磨我几十个年头。后面几十个年头，每当我们回去陪爸爸的时候，这种痛就一直伴随着我。虽然，我们努力加倍地对爸爸好，可没有妈妈的日子，回去的时候总感觉到爱的缺失和心的疼痛啊。

如今，爸爸也离我们而去有几个年头了，你们早已在那个世界里相聚了吧，你们还天天在一起下棋吗？我清楚地记得，您临走前的当天晚上，还和爸爸下了几盘棋啊。

妈妈，我想您了。今天，特别特别地想。

54 年前的今天，您承受苦难让我来到了这个世上。今天，在我应该很高兴的日子里，我却特别特别地想您。

按理说，您都离开我这么长的时间了，时间早已冲淡了我对您的思念吧，但事实是今天我却特别特别地想您了，再也抑制不住多年来想写点文字表达我对您的想念的念头了。

妈妈，您知道我在想您了吗？

愿妈妈今夜入我梦，我向您细述这些年我对您的想念可好？

妈妈——

您的不孝儿：翼新

2021 年 3 月 10 日

祭本根兄

己亥中秋之十二日，晨，杏哥告吾曰："本根走了，你等下要不要去医院看看？"心中一震，虽早有兄可能先吾而去之准备，然忽得此消息，还是莫名的痛楚。急急扒完几口饭，开车直奔中医院太平间，期见最后一面，憾已入殓，脸亦被盖，终未能睹最后容姿，三叩之礼别归学校。

时过一日，各种画面涌入脑海，不吐不足以表达内心情思，遂成此文，拟于灵前备酌，祭告兄长：

从教不多年，即知兄之大名，湘乡语文界之翘楚也，然一直未有机缘相识。十七年前，吾从名民调入东山，始睹兄颜：高大帅哥一枚也，更有谦谦君子之风。心甚幸之，遂成莫逆。

　　君子之交淡于水，兄弟之情浓于酒。兄酒量尚可，然吾完全不胜酒力，故相聚多以茶相待，而情胜于酒。初三五年，吾尚爱牌事，兄亦此道中人，故常于工作之闲暇，邀约相聚，全不在乎输赢，唯有聚玩之乐尔。牌道人道，原为一体。牌桌之中，最见感情。每有邀约，深感荣幸，一呼一应，友情亲情，全在于此。后因吾之兴趣转移，遂少与聚。然常怀念想，常欲藉此一慰相思也。

　　吾与兄俱教语文，更多时日，更多切磋，在教学一道，在语文一行。兄之才华，学富五车而不外露，才高八斗而不显山。每于同道学惑之时，点拨令之顿悟；教困之时，指点使之神清。东山语文，常唯兄首是瞻，唯兄命是从也。无论何人何时何惑何求，兄总是一脸真诚的笑去迎对，上下其可，既指点到位，又令人信服。吾常愧自己德难与兄比肩，识亦不堪与兄称列也。

　　兄之身体，向为骄傲，令吾倾羡不已。学校组织体检，兄之各项指标，常全合乎健康之要求，而吾常抱多病之躯也。不想天意弄人，遽闻大病上兄之身，竟一至于今，虽科技之发达，医术之高超，亦未能挽兄长于人世，慰吾等之心怀也。鸣呼！苍天岂有眼邪？难道"好人命不长"要成为警示世人之标语乎？痛哉痛哉！

　　心中唯一庆幸的是：生而为教师，逝于教师节。史铁生曰，死亡是一个必将到来的节日。今逢中秋佳节，人世团圆。吾为兄聊备浊酒一杯，团圆饼一对，念此薄文，以告慰兄之亡灵。愿吾兄于九泉之下安息。

　　鸣呼！尚飨！

挽彭本根老师联：
十七已从教，沥血呕心情倾学子堪师范
零三方识君，如磋如切爱递同仁树风标

母校的回忆

　　学区决定，将版塘小学现有三个班全部并点入邻村三星学校。搬迁这一天，望着忙碌的师生们与即将不再为校的母校校园，小学生活的场景一幕一幕地呈现于脑海……

　　记忆中的母校是一幢标准的四合院。进门两块大黑板，是学校文化宣传的阵地。门楼上是一个大戏台，学校及村上经常在此进行文艺演出。院子里有四张乒乓球台，一下课，这里便成了孩子们欢闹的世界。过了院子便是大礼堂，正中挂着毛主席像，两边张贴着时时更新的宣传标语。在这里进行得最多的活动便是忆苦思甜、批斗地主以及各种动员大会。教室便位于这四合院的南北两面，全是木板楼房，上下八间教室同时容纳了小学一年级至初中二年级共七个教学班，还有一间便成了我们排演节目的活动室。校门外面，是一块可容纳三百多人做操的大操场，每天的集体放学、课间操及体育活动便是在大操场里进行，常惹得附近村民驻足观看，成为乡村文明的一道风景。

才入校门是七二年。那时正是"批林批孔"的日子，我们常被老师带着投身于各种政治运动，我们不知道厌烦。现在想来，这一个又一个的运动对我们那样的小学冲击并不是很大，相反的，在一次又一次活动中，我们得到了多方面的锻炼。忆苦思甜，使我们懂得我们是幸福的一代；批斗地主，激起了我们的阶级仇恨；学习雷锋，我们都争着去做好人好事；缅怀革命烈士，让我们珍惜幸福的生活；勤工俭学，教我们懂得勤劳和节约；支援农业生产，真正体味到了"谁知盘中餐，粒粒皆辛苦"……在这里，我们被培养成了社会主义的新一代。

现在常有人对那时的教育持非议，我却感到母校的五年半，使我受益终生。我们的教科书里确实有过"白卷英雄"张铁生，但学校的教育方针常让我们背的是"培养又红又专的接班人"。那时的我常常捧回奖状，那并不是因为交白卷，而常常是因为双百分。我们不仅仅口头喊着"毛主席万岁！""中国共产党万岁！"而且当听到毛主席离我们而去时，真正的涕泪横流、泣不成声。我至今难以忘怀在母校那全村老少为毛主席逝世而悲号、而默哀的场面。至今难以忘怀那丰富多彩的小学生活。

记得还是二年级的时候，一次我和几个同学午睡课没好好地睡，放学后被留下来，惩罚却是教我们跳舞，我们跳得很起劲，很认真。从此，我们即加盟学校文艺宣传队，并很快成为"骨干"，我们编快报、打快板、写大字报、排样板戏、画漫画，干得津津有味。我们的教师则更棒，排出来的样板戏《红灯记》和《沙家浜》在几所小学及村上巡回演出，很是风光。每每走进学校，一种浓厚的文化氛围包围着我们，吸引着我们，感染着我们。

走出母校已经二十多年，后来知道母校被拆除建成了红砖楼房，为她高兴而去看望过，但我明显地感觉到一种失落。今天，再一次来到这里，看着人将去、楼已空的母校，我不住地念叨着，我的母校不复存在了，我的母校不复存在了……但愿我家乡的少年儿童能有更好的学习环境。

我家的狗儿

我想写的这一只狗，严格地说来并不是我家的狗。

但明明又是我家的狗。

我们一家都从来没把它当成是别人家的狗。

我家现在租住在城里一户人家。房东住二楼，我们就住在一楼。一楼很舒服的，有一个小小的院子。院里，房东栽种有各种花树盆景，有一块干干净净的水泥地，还有一个摇水井，有两间简易的棚舍。整个院子一扇铁门锁着，很静，很雅致的。

我们搬来这家还只有三个月时间，我却有了一种不再想购房的暗念。房东就两老，儿子很有出息的，在北京，是清华大学的研究生，是两老的骄傲。我刚搬来时，房东留有一张古旧的书桌，很大很大的书桌，说他儿子就是在这里读书做作业考上清华大学的。两老说给我女儿用，希望我的女儿也能考上清华。也许这张书桌还真有灵气，女儿最近变得更加自觉了，成绩也跃升到了班上前几名。房东的生活很有规律，又好静，很少有外客来喧闹，这里真是一个做学问的好地方。

房东似乎没有什么特别的爱好，男的已退休，女的却还在一家药店打点工，男的每天按时洗好菜，女的回家就煮，然后就是看电视，到外面散散步，逛逛书店……

房东就喜欢养狗。

我想写的就是房东家里的狗。

这已是第三只狗，严格地说，是我们搬到这里来以后的第二批里存活下来的一只狗，主人家也给它取了个名字，叫"来来"，或者是"雷雷"吧，反正就这么个音儿的。

我刚搬到房东家里不久，男主人即从外抱回来一只小狗，那是一只毛色有点儿黑的本地狗。狗是养在院子里的，由于房东住楼上，于是，这狗也似乎就成了我家的狗儿了。那是一只活泼可爱的小狗，刚来时也许还没有满月吧，常常叫得昏天黑地，让人心酸的很。而主人有时还拿着奶瓶给小狗喂奶，小狗生病了，则从药店里买来"小儿安"之类的药，一点一点地喂食。就在主人的精心照料下，小狗快活地成长了，每次下班回家，它也就要和我亲热，而到吃饭时，更是在桌子周围转来转去地寻讨剩食。

刚长到非常活泼可爱的时候，忽地有一天，小狗在我回家时没有出来接我了。它不知犯了什么病，只有三天时间，就瘦得只剩一把骨头，到第四日早晨，也就直挺挺地在院子里睡着了。当主人拿过一个尼龙袋子，准备把它运出去的时候，我上前，一只手略有颤抖地帮主人把狗放进袋子，随后也就不知它的下落了。

没有那条狗的日子，院子里清静多了，我每次回去，却总有一种空荡荡的感觉。我的潜意识里感觉院子里是不能少了狗的了。

就在我这种感觉日趋强烈的时候，有一天下班回家，忽地看到院里又有了狗的气息，而且是两条，正在那里追逐着。这就是我现在要写的这狗儿了。"来来"就是其中的一只。房东说是一次捉两只来养着，这狗就不会觉得孤单，夜里就不会叫得那么凶的了。

果然，这夜里几乎再也听不到狗的叫声了，但在日里，院子里就两只狗儿或互相追逐，或一齐来到我的跟前又搔又舔，或一只静静地晒着太阳，一只就与那些花儿草儿玩游戏。这两只狗的到来，一下子让整个小院活跃起来。此时，我感觉到，这小院里，确是少不了这活泼的狗儿来点缀。

随着时间的流逝，小狗也渐渐地长大了，我和小狗也照例每天要逗玩一番，只要我的脚步接近铁门，这两只小狗也就蹲在门前恭候了。我一开门进院，就一前一后，或一左一右地缠着，非要玩个尽兴才各自去寻找自个儿的快乐。这两只狗儿当中，来来是日见强壮的了，而另一只呢，却总是不肯长大。原来，每一次喂食，来来竟是那么的霸道，即使主人分开两处喂食，它也要强占为己有，有几次，我是只有将它强行赶开，那一只小狗才敢去吃食的了。也许正是吃得少的原因吧，那一只狗还才一个多月的时间，在有一天即显得病态，而且不肯进食了。主人也想了一些办法，但终于没能延长那只狗儿的生命。

那一只狗儿死了，我想这霸道的来来该是非常高兴的了吧：从此以后，没有谁跟它分食了。

但就在这一天开始，来来不再像往日那么活泼了。我好担心，是不是它也会像前面的那几只狗儿一样，病几天就离我们而去呢？这一天晚上，我下班回家，它爱理不理的，我走到它面前，蹲下身，抚摸着它的绒毛，隐隐地，我感觉到了它眼角的泪。我急了，对我的狗儿说："来来啊，你可不能像它们一样啊，你一定会挺过来的，是吗？"此时，我的心里对它的依恋居然是空前的强烈。

好在大约一个星期的时间，来来就又像以前那样活蹦乱跳了。我想，来来呀，这几天你在想些什么呢？你是在为你同伴的去世而反思自己的罪孽吗？"死者长已矣"，你以前也许是太自私了一点，但这个社会物竞天择，适者生存，虽然，你们是可以共存共荣的，但过去了的也就过去了吧。想到这些，我心里居然酸酸的，我想，我的狗儿一定是为伴儿的去世而反省了好几天呢，幸而它想通了。

狗儿来来现在早已离我们而去了。它的离去让我很是忏悔和愤恨。

那是有一天，我吃过晚饭以后打算出去玩，于是打开铁门准备出去。可就在这当儿，来来钻了个空儿就跑到门外去了，无论我怎么招呼它，它都直奔它的未知前程而去，就好像有个约会在等着它。因为以前把它放出铁门以后，不用多久，它也就自己会回来，所以我也就没太在意，心想，反正它是会自己回的，就让它出去透透气吧，它也应该有属于自己的天地。

可是我终于后悔起来了，因为我从此再也没有见到它的身影。每次下班回家，再也没有等候在门前等着亲热的来来了，心里很失落，空荡荡的。我想，自己为什么就因为要出去玩而听任它外出而不加约束呢？

但我终于愤怒起来，因为在我心里，我知道来来它不会不知道归家的，这狗儿是最有灵性的动物，它顶多只是贪玩而已，但它在任何情况下都会识得回家的路的。因此，我知道，它早已被那些贪婪的人当作美食了，一想到这一层，我的心里就愤愤然，我暗地里下了决心，再也不吃狗肉了，说不定在我吃的狗肉中就有来来的一分子呢。

没有了来来，院子里清静下来了，每天回家对着院子，除了晒太阳，那就看看花吧，看看树儿吧。我知道，这些花儿草儿也是有生命的，也是懂得与人交流的，但我还是很不习惯与花儿草儿的交流，我总是希望有一个鲜活的生命在我面前蹦来蹦去。要知道，我本身不是有太多话语的，那些花儿草儿也许更适宜充当倾诉的对象，但却无法撩拨我的心弦。每当此时，我的眼前便掠过来来的身影。

我知道，我们的房东是会再捉来一只或者几只狗儿来养着的，现在，事实也是如此，我家的院子里又有了新的狗儿在点缀了。

但我知道，来来是我永远也忘不了的了。最让我铭刻于心的是那一回……

那是一个中午，我下班回家，刚要开铁门，来来一瘸一瘸地向我走了过来，看它那走路的样子，是那么费力，是那么艰难，然而它的神情仍是那么兴奋……一霎那间，我几乎要流泪了，来来你是怎么了？你既然负了伤，那还来接我干什么呢？我蹲下身去，抚摸着他的毛，我对它说："来来，你怎么了？你怎么了？自己都这样子了，你还来接我干吗？你知道，看着你这个样子，我的心里好痛好痛吗？"

这一霎那就这样永留我的心底了，而且，在来来走失之后，这一形象愈加鲜明起来，于是，我也就有了要为这狗儿写点什么的冲动，于是也就有了这些文字。我知道，这里的文笔并不是多么多么的优美，但是，文字里所包含的情感却真实得可以触摸到。就让它因此存留于这世上吧，也许，这狗儿也能"永垂不朽"了。

地上一毛钱

天边的云红了，大地也亮堂起来，早读的铃声已经响过，我踏着大步赶往教室。

快到教学楼前，外面还有同学三三两两的，以极不情愿的步伐向教学楼踱去。我很想大声地说："你们听到铃声没有？为什么这么慢吞吞的呢？"但我没有说出口，这个学校太大，那么多学生，有几个动作迟缓的，或是有几个不想读书的，只要他在向教学楼走，我也不要太激动。

在不经意之间，我发现，就在我前面的地方，有一张纸币，准确地说，是一毛钱。前面有三个同学，他们不可能瞧不见的吧，但他们分明就是一副没瞧见的神态，既没低头弯腰，也没有谁回头，更没有人四处张望，一如他们不停的脚步，那一毛钱很快就到了我的脚尖前。

此时，我分明地感觉到自己的心颤动了一下：这可是人民币啊，可不能就这么着糟蹋啊。

我想我应该弯腰去捡起它的，即使是一块纸片，我也应该顺手捡起的呀。

可这一瞬间，这完全只有一瞬的功夫，我的脑子里闪过这么一个概念：要是地上不是一毛钱，而是一片纸，我是肯定会马上捡起来的，可那是一毛钱呀，前前后后那么多同学，看着我捡起这一毛钱，我该拿这一毛钱怎么着？去写个招领启事？……

这些都还没有完，事实上，我的脚已经跨过这一毛钱了，我不可能再回头去捡起它的了。

后面还有十来位同学，我想，他们当中一定是有人目睹那一毛钱躺在地上的了，但我绝不敢去看是不是有人为它而弯下腰去。

事实上，等到早读下了课，经过的人更多，我还看到这一毛钱很醒目地躺在那儿。我也照样地并不从容地从它的身上跨过……

吃过早餐，我特意从那块地走向教学楼，我想通了，无论如何，我不能让那一毛钱再躺在那儿了。我并不缺钱花，但那毕竟是一毛钱啊。这人民币人人要爱护，作为一个老师，岂能漠视它的被遗弃和践踏？

太阳早已经升起来了，吃过了早饭的同学，一个个也显得精神抖擞，我知道，新的一天正式开始了。

咦？——

我用搜索的目光将方圆一丈的范围看了个够，原本很打眼的那一毛钱已不见了踪影。我顿感轻松：终于有人将它捡起来了，它终于又可以被利用了。

就是这一毛钱，这掉在地上的一毛钱，让我想了很多，很多……

朋友，你又会怎样想呢？

朋友啊，朋友

常独自徘徊，常独自静坐，常独自求索，常独自品味……此时，每个人，都渴求有一个朋友。

生活的艰辛，让每一个人不得不面临各种困境，"在家靠父母，出外靠朋友"，朋友便成了每一个奔波忙碌于世间的人的依靠。靠得住，是朋友，然世间有几个真能靠得住之人？于是，一时间的依靠，一时间的攀附，一时间的欢娱，一时间的满足，便被人引以为朋友了。人们便纷纷感叹："朋友啊，朋友……"

其实，我们大可不必为没有朋友而感叹。我们应知足，在我们的身边，给予我们各种各样帮助的人很多很多，他们都是我们的朋友。

人生失意时别人一个关切的眼神，工作遇到困难时别人一句亲切的问候，生活中遇到不顺心的时候有人给你安慰，学习中有了难题时有人给你帮助……一点一滴的，只有朋友才能给予。

不奢求就能拥有很多朋友，同样，坦诚地奉献自我便能成为好多人的朋友。

朋友，是需要沟通的，是需要交换的，但朋友之间的交换不一定就是等价的。"欠着人家一份情"，那不是朋友。从朋友那儿得到多了，我不欠他；给予朋友多余的一份，他也不欠我，这才是朋友。一切虚假、客套，只是客人之间的礼节，而不应成为朋友的礼数。

朋友的情谊不宜疏淡，但朋友的交往不宜俗气。不渴求、不应酬，你才不会为朋友所累。

有了朋友，我还是喜欢独自徘徊，独自静坐，独自求索，独自品味……

东山琐忆

2015 年，东山学校建校 120 周年；2015 年，我在东山学校教书 12 周年。120 周年，我也见证了它的十分之一哟，是不是也该为它写点文字？这个念头在我的心里很久很久了，只是一直疏于动笔，但随着校庆纪念日的越来越临近，随着校友一篇篇回忆母校的文字呈现于我的眼前，我才觉得，我真是该动笔了。于是，这十二年来的点点滴滴像影片似的来到我的眼前，因为琐碎，就命题为"东山琐忆"吧。

一

最先想起的当然是我来东山学校的经历。

那是 2003 年，在乡下已经教了 14 个年头初中的我，本来是没有教高中的念头的。因为刚毕业那会，当时我高中毕业的学校的校长就一而再、再而三地邀我去教高中，而我竟一意孤行地选择了我的最爱，与初中生打交道。没想到，在农村中学干出了丁点成绩，城里的学校就看上我了。在 2000 年暑假，做梦都没想进城的我，竟然被名民中学的校长请进了城。说实话，在名民中学那三年，我干得欢着呢，在湘乡初中语文教学队伍里算得上是一面旗帜了吧。我本可以当一名顶呱呱的初中语文老师的，可是，名民中学民办的体制总是让我安心不起来，尤其是有几位同事率先被一中调入高中后，我的心动摇了。我开始想着，我得进高中，我必须进高中。

　　2003 年，我在名民中学送完了一届学生。这一年暑假，我就在忙着跑自己进高中的事了。由于我在语文教学上小有建树，当年，韶山市教育局以给我解决高级职称为优惠条件想调我进韶山学校；湘潭市岳塘区招聘教师，我也不用试教就可以调进。但我总还是恋着湘乡，不想离开自己的家乡。

　　于是，朋友向我推荐了东山学校，朋友很热心地带我见了东山学校的语文组长彭典良老师。我记得，我见彭典良老师是带了一条长沙烟的，虽然他说什么也不肯接，但我最终还是把烟留下了。没隔几天，我就接到了到东山学校参加"考试"的通知，我心想，怎么还要考试呢？到了才知道，东山学校所有的老师都在参加考试呢。

　　考完后，快要开学了，可我还没有接到到东山学校上班的通知呢。于是，我找彭老师，彭老师要我直接去找刘伟庚校长。

　　见刘校长的那一个瞬间，十二年了，都一直忘不了呢。那是一天的中午稍晚点吧，我敲开了刘校长的家门，开门的是刘校长的母亲（当然，当时是不认识的），还有一个"老头"在饭桌边正吃着饭呢。我说找刘校长，从厨房里出来一个年轻女人（后来知道是校长夫人李老师），她用手指着饭桌边正吃饭的"老头"："那不是刘校长吗？"我心里一诧：那是刘校长吗？刘校长不是比我大不了几岁吗？后来才知道，其实是光线较暗，刘校长又是穿着黑色的衣服在那里低头吃饭，所以看起来就像个"老头"呢。刘校长一开口就说："你是黄翼新是吧，你已经被录取了，后天学校开学工作会议你按时来就是了。"

　　就这样简单，我就进了东山学校。

　　特别值得一提的是，等我在东山学校安顿下来，大约是开学一个月左右，彭典良老师特意来到学校给我安排的房间，执意把那条长沙烟退给了我。

　　我因此感叹，东山学校就是好。首先，我一个没有任何关系的人，没有送半点东西，就凭着那几张获奖证书之类的东西，就连其他老师需要的试教都免了就进来了。我因此相信，这样的学校，有这样的不以进教师来谋取个人私利的校领导，这样的学校我选对了。

二

　　我这里必须要说说金凤文学社。

　　因为在新苗中学创办"新苗文学社"，我进入名民中学以后，很快接手名民中学的红杏文学社，进入东山学校，我又被任命为"金凤文学社"的指导老师。

有几件事还是特别值得我怀念的。

一个是《金凤》社刊。在我接手以前，《金凤》刊物基本没有一个办刊指导思想，我在多方调研的基础上，确立了"发掘百年书院底蕴；传承湖湘文化精髓；培育校园文学新人；服务学校语文教学"的宗旨。这一宗旨自此成为文学社的指导思想和办刊宗旨，为金凤文学社的健康、良性发展打下了较好的基础。如今的《金凤》在新的指导老师的指导下，办得越来越好了。

另一个是一次活动，特别值得一提。文学社活动，重要就在"活动"二字，让学生走出课堂，在生活中获取写作素材，这是培养社员文学才华的一个重要措施。那一年，我带着六七十名文学社员，利用周末，去登东台山。这样的活动似乎并不出奇，但这次活动与平常不同的是，我们包下了东台山脚的一个山庄，同学们一下山，即在山庄里开展写作活动，写完作文就吃午饭，而我们几位带队的老师则是在同学们吃饭的时间里现场评卷，吃完饭后即在山庄里举行颁奖活动，并由获奖学生朗诵自己的获奖作品。

这次活动获得了极大的成功。我们用这次活动获奖的作品参加了当年由湘潭市文联和湘潭大学文学院联合组织的"第三届'凡恩杯'诗歌散文大赛"，有 184 班王静同学的《雨》获三等奖，178 班龙潜同学的《爹娘》、197 班彭家铃同学的《东台情悠悠》、200 班王凤浩同学的《一套"凡恩"装》获得优秀奖。而事后去湘潭大学参加颁奖典礼才知道，这次大赛参加的单位是 21 个省市 80 多所高校，中学就仅有不到十所，收到的稿件 2000 多篇，共评奖 110 篇，而我们学校就有 4 个同学获奖，当时，组委会还在颁奖大会上特别提到了东山学校呢。

三

我这个人嘛，有时候就是有点不识趣。

话说那是 2007 年的秋天，刚开学不久，湘潭市教科所的就要来进行教学视导嘛。我的一堂公开课《记梁任公先生的一次演讲》获得了市教科所赵晖老师及其他听课老师的高度好评。当信息反馈到刘校长那里，刘校长头脑一热，发一个通知，要东山学校所有老师加上育才中学所有老师都来听黄翼新老师上一堂公开课，由学校全程录像，并制作光盘作为学校一个重要的资料保存。

当时主管教务的主任强烈建议我就上那一堂《记梁任公先生的一次演讲》，而我偏不愿意讲已经讲过的内容，而是按教学进度，选择了《荷塘月色》那篇经典散文。自然，面对大多数听课者不是语文老师这样的情况，上

《记梁任公先生的一次演讲》一课也许课堂气氛更热闹，但我偏偏选了一个很文、很静的《荷塘月色》来教，这一堂课虽然上得更语文，但也许就没有了"热闹"了哦。

我就是这样"个性"了一回，为着这个"个性"，有时还真是五味杂陈，有点扫兴，就不说了，呵呵。但，我总认为，东山学校正是因为有着这样一大批"有个性"的教师，我们的学校课堂才会呈现出精彩的面貌。

四

有几件事，让我很是佩服刘伟庚校长这个人。我认为，东山学校的校史上，刘校长必然是有浓墨重彩的一笔的。

当然，我这里说的只是一些小事。

与刘校长初见面的事就不重提了。

我想说的第一件事是2004年吧，我接到一个邀请函，那是第二届全国校园文学研讨会的邀请函。我当时负责学校金凤文学社嘛，于是很想参加，但这会议的地点远在浙江海盐县，时间还得一个星期呢。我找有关领导请示，得到的回复是：出省的会议一般教师是不派出去参加的。于是，我鼓起勇气去找刘校长，刘校长说："你去吧，回来找我报销。"简简单单一句话，你们说，这样的校长不成大事才怪呢！

事实上，东山学校在刘伟庚担任校长期间就办成了好多必将写进校史的大事：成功创办省重点，成功扩建东山校舍……

只要看看我们的子任学苑这栋教学楼，你能不为刘校长的这一伟大构想而喝彩吗？

子任学苑，以东山书院的中轴线为中轴线，以东山书院的设计理念为理念，"主讲有堂，游憩有所"，"松、竹、梅、桂"四园，加上楼高只三层的建筑设计，为东山学校的长远发展打下了硬件基础。

东山学校的老师都会记得刘校长给我们开常会的情景的，刘校长说得最多的是，"我从来不会和你们安排这样那样的工作的，那些都贴在子任学苑里，自己去看就是了，我就是和你们谈思想、谈宏观的东西"。

是啊，一所学校里，教师的思想问题解决了，思想统一了，还有什么事情办不好呢？

五

有些事，我是永远忘不掉的，我是以一个优秀教师的资格调入东山学校的，没想到，到东山学校六个年头，还没有让我教过高三，因此职称也一直上不去。

我听人说过这样一件事，说是刘校长在校务工作会议上质问过一些领导，为什么像黄翼新这样的老师，来到东山学校六年了，还没有让他教过高三？当他找到原因在于学校教师聘任制时，果断地废除了高三教师由班主任聘任的这一已行使多年，也曾在东山学校发挥过巨大作用的制度。后来，就连高一高二也逐步地废除了这一制度。

就在这一年，我开始教高三，而且连续四年都让我教了高三。说来我也是争气的，除第四届是子任班，且我因身体原因只教到高三第一学期外，其他都是任教的普通班，而所教的 288 班、325 班都获得了当年年级第一名的好成绩，另一年教的 315 班，整体状况虽然差一点，但当年王珏玉同学以语文 135 分的高分进入全省单科万分之一特优生行列。至今，东山学校语文单科万分之一的记录还是我的学生保持着哦。

六

不可能不说我在东山学校办我第一次个人画展的事。

这是王辉校长刚开始调任东山的时候的事。王校长主政二中和三中的时候，就很重视书画这一块，一到东山学校就举办了国庆师生书画展。第二年，我试着和校长说，这一年的国庆书画展由我一个人到学校来办个展好吗？王校长非常爽快地答应了。

后来，由于我个人的努力，我的个展升级为湘潭市美术家协会主办的一次展览，成功在东山学校举办，这是我绘画生涯的一个重要节点。那一天，我个人好光鲜；那一天，东山学校好热闹。我感觉到，我也为东山学校争光了。

七

说到画展，其实就学校的发展而言，更应该提的是王校长的加强校园文化建设的决策。

我也很高兴被王校长利用起来，为学校校园文化建设做了点微薄的贡献。

如今，只要走进子任大厅，人们的眼光就会关注到主席铜像两旁的字画，这些字画的安挂，极大地提升了校园教学楼的文化环境。我除了自己大大小小捐赠二十多幅作品之外，还募集了本地及周边县市书画名家的一百多幅书画作品，使教学楼充满着浓浓的文化氛围。

在募集字画的过程中，我真心感受到书画家们对主席母校的感情。很多书画家并不是东山学校的校友，但一听说我是为主席母校的校园文化建设征集书画作品，书画家们都积极响应。特别值得一提的是双峰县的书画家。

那是一个下午，我去醉画苑闲坐，正遇从醉画苑出来的一名画家，醉画苑谭总向我介绍"这是双峰的著名山水画家朱卫平先生"，我一听是画家，马上向他出示东山学校的书画征集邀请书，请他为学校捐赠书画作品，他一听我说是毛主席的母校，一口气就答应了，并说他还要发动双峰县其他著名的书画家来参与这一活动。

我因此前与朱老师并不相识，因此，心里也没有抱多大希望。没料想，过了不到半个月的时间，我就接到了朱老师的电话，说他在双峰已经征集了十多幅作品，要我过去接。我马上向王辉校长反映了这一情况，王校长因有事在身，便派文映生校长和我一起赴双峰接受双峰书画家捐赠的书画作品，还要文校长代表学校请双峰书画家一次客，向他们表示感谢之意。

我和文校长到双峰以后，受到了双峰县书画家的热情接待，他们坚持做东，由他们来请我们的客，一再表示对主席母校的支持是他们应尽的一份心意。

这只是一个典型。事实上，在征集书画作品的过程中，许多书画家一听到是主席母校，即非常爽快地表示支持。这让我感受到书画家们对主席的一份纯真而又热烈的情感。

八

有一本书，这一本书仍然是王辉校长重视校园文化建设的又一成就。

这本书的名字是《书院文化》，由王辉校长主编，我担任执行主编，左杏、成三晖老师参与编写。这本书由"精舍篇""书院篇""故事篇""建筑篇""群英篇""警策篇""诗联篇""子任篇"八个篇章构成，全方位地介绍了东山书院的历史、文化、建筑及子任学苑对书院文化的继承，成为对东山学子进行爱校教育的一本极好的校本教材。

遗憾的是这本书没有再印行下去，我盼望着它能成为学校每一届新生入学时必读的校本教材哦。

感觉啰啰嗦嗦已经说得太多了，是啊，十二年，学校值得我书写的事又何止是三言两语可以说清的呢？东山学校建校已经120周年，在这里工作过的老师，在这里就读过的学生又何止千万数呢？正是一个个与东山有过交集的师生点点滴滴的琐事，组成了东山学校发展的历史，因此，我不怕说得琐碎，也不怕说得啰嗦，只希望我的这些琐事回忆能记录学校的过往，如果能对东山学校今后的发展也有些许帮助的话，那就是功莫大焉。

艺路心语

小的时候，那场"文化大革命"给我留下最多的是丰富的活动。各种文艺宣传，最吸引我的莫过于那些充满生趣的一幅幅画图，还有那"小人书"，那简直就是我最为宝贵的精神食粮。看着，欣赏着，勾描着，瞎画着，这就成了我闲暇时间最好的消遣。慢慢地，潜意识里就有了一个"画家"的梦吧。

1983年，入湘潭师专读汉语言文学专业，志趣相投的几个同学发起成立了音美协会，那时的想法很简单，做一个中学语文老师，这可得"上知天文，下晓地理，诗词歌赋，琴棋书画，无所不知，无所不能"啊。因此，在完成专业学习之余，还真练起了琴棋书画来了。很幸运的是，湘潭当时很出名的书画名流都成了我们的指导老师，如陈沛华、刘振涛、周宗岱、杨向阳、周松龄、李卓群、后锡龄等老一辈艺术家。从此，我与书画结缘。拿起了毛笔，练起了书法，画起了国画，刻起了印章，开始了我的艺术道路。

从此，我就一直自娱自乐地画着，临摹芥子园，临摹荣宝斋画谱，临摹各种可以得到的国画名作，而家乡的山水更让我充满着激情，写生成了我教学之余的最大爱好。不知不觉，在当地也有了小小的名气。还有好多家长送孩子来跟我学画画呢。

井底之蛙，待从井底跳出来的时候，就知道了，原来，井上的天地是如此的广阔。进城以后，我认识了本地很多的书画名家，这一来，我才知道，原来，我的那些画在国画的世界里还只是小儿科，顶多就是一个画画爱好者吧。不仅开了眼界，最重要的是激起了我内心那种强烈的艺术追求的梦想。我不放过一切可以得到行家指点的机会，我更是寻找德艺双馨的老师，希望能正式拜师学艺。

机会真是给有准备的人的，一个巧合的机缘，我得到了王志坚先生的赏识，王老师爽快地答应收我做他的正式弟子。从此，我在艺术的道路上开足了马力，扬帆起航了。

艺术是寂寞之道，在艺术的道路上，必须耐得住寂寞，才有可能练好扎实的基本功；艺术又是探索之道，在这条路上，只有不断探索的人，才会真正成为一个好的艺术家；艺术更是一条人生之道，真正的艺术家要穷尽一生，才有可能真正迈进艺术的殿堂。在这条道路上，我庆幸自己有王志坚先生这样的师父，他的勤奋、实干的精神，他的不断进取的追求，他的深厚艺术修养，都成了我学习的目标。我开始不断地否定自己，又不断地向着自己的目标迈进。我在努力使自己向一个艺术家的标准看齐。

湖湘真是一片艺术的热土，我的家乡就是诞生了齐白石、王憨山、黄永玉等书画大家的地方。这些大师的精神激励着我，这些大师的画风更是影响着我。我追摹着他们的足迹，一方面深深扎入到传统中去，一方面不断探索自己的艺术语言，我就这样，一步一步地向着艺术的天地迈进。

上天眷顾，我得到了一个去北京深造的机会，拜在了王培东先生门下。一年的时间很短，但一年的收获很大。首都的文化氛围熏陶着我，更多的名家成了我的老师，聆听着国内顶尖级名家的讲课，王明明、张立辰、袁武、曾来德、石齐、李小可、莫晓松、武艺……太多太多的名家从此零距离。从他们身上，我学到的何止是技法和理念呢？

如今，学习归来，我只想对这些年自己的艺术之路作一个小小的总结，于是，就有了《黄翼新画集》的出版。我知道，这里的每一幅作品都不够成熟，但我还是很珍爱它，就像爱着自己的孩子一般。更希望藉此能得到更多专家的批评指导，如能获得些许的肯定，也将是我寂寞之路上更大的动力。

感谢一路陪伴的你！

我，正走在路上……

记我的第一次赛课

语文老师，十年磨一剑。

我刚毕业，分配在乡镇中学教书，一干就是十四个年头。在第十一个年头，我终于获得了一次参加湘乡市初中语文老师赛课的机会。得到这个名额是 1997 年的 6 月，赛课时间是当年的 9 月。

这对我来说是一次难得的机会，以我的了解，参加工作十个年头了，我所在的学校语文老师是没有获得过这样的机会的。因此，我特别重视这一次赛课。这一次赛课要求是，赛课老师上一堂公开课，并提交一篇与赛课相关的教学论文。可以说，这既是我第一次参加赛课，也是第一次正式撰写教学论文。

说实在的，我一开始是没有多大信心的。但我从一开始就铆足了劲：我一定要夺得赛课一等奖和论文一等奖。

那时的教学条件，特别是乡镇中学的教学条件真的是好可怜。不要说没有现在这样的现代化教学设备，就连一个 PPT 都要手工制作幻灯片，配音朗读的条件也没有。

真要上好一堂赛课，从众多参赛选手中脱颖而出，设计好一个优秀教案这是最基本的。我选择了《枣核》这篇课文作为参赛课文。我清楚地记得，为了让教案设计达到"完美"，我在经过几个通宵的奋战，自认为设计还不错的情况下开始了第一次试教。当时，我已经担任学校语文教研组组长，在我要试教之前，我亲自上门，邀请了我们学校四位我认为特别有教学经验和教学能力的语文老师来听课，请他们指导。可是，课上完后，每位老师都回到了各自的办公室，没有提任何意见就走了。我是怎么做的呢？在试教结束后，我带着香烟，逐一来到听课老师的办公室，请他们给我提修改意见。看到我这么虚心，又会有哪个老师真正保守呢？于是，我的笔记本上就记满了老师们的意见。有了这些修改意见，我当天晚上就迅速地写出了新的教案，第二天，又请这些老师来听课提意见。第二次试教结束后，又带着香烟登门——请教，当天晚上又拿出了我的教案第三稿，再次请这几位老师听课指导。当他们看到我的课因接受了他们的意见而又有自己很多思考的东西之后，都很惊讶，这次下课之后，他们再也没有各自离开了，而是又就很多细节的问题给我具体指导了。其中，最让我感激的是刘国良老师提议并亲自拉二胡来录音，作为上课配音朗读的背景音乐。还有灯片图案文字的修改等等，无一不得到大家的精心指导。

正是在这样的试教过程中，我对自己的教学设计进行了深刻的反思，先后写出了几篇相关的心得笔记，但还没有形成自己的教学论文。在大的设计已经比较满意的情况下，我开始思考论文和课堂教学的结合。这确实是一个艰难的过程，但也是一个充满挑战的过程。为了写好这篇教学论文，我是真正读了好多撰写教学论文的文章，把《语文教学通讯》《中学语文教学》这些杂志上的论文看了又看，对照这堂课的教学设计想了又想。这个时间一直延续到九月份的赛课前，我终于从自己的这一堂课的教学中总结出了真正属于自己的教学模式——"激导模式"。我清楚地记得，在参加赛课前一天的晚上，我还在誊写我的论文，但我知道，这绝对是一篇非常有分量、有把握获取一等奖的论文了。

果不其然，这一次赛课上得非常成功，哪怕是课堂教学时间，都被卡得分秒不差，真的非常完美。下课后，我看到了那些评委老师非常满足而喜悦的表情。后来，结果出来了，一切都在掌握之中，我第一次参加湘乡市语文老师赛课，就成功夺得了赛课一等奖和论文一等奖。

此后十年，我就成了湘乡市语文赛课的常胜将军和语文公开课的不二人选，收获了一大批粉丝，职称评比也因赛课、论文成绩多而获得当年湘潭市职评的第一名，并因此被城里的学校看上，没费吹灰之力就成了城里老师，进而进入到现在的省重点中学成为骨干力量。不知不觉，进城就已二十一年了。

参加赛课是一个老师成长的捷径。"十年磨一剑"，语文老师的功夫就是在赛课中磨出来的。我从湘乡市级赛课一等奖到湘潭市级赛课一等奖，到湖南省级赛课一等奖，只用了五年时间，这五年时间，我真正成长为一名优秀的语文老师。我的教学论文也早就拿到了国家级一等奖，并在国家级刊物上发表了。

我是赛课的受益者，因此，特别想分享第一次参加赛课的经历，希望每一位语文老师都能积极参加赛课，积极参加学校教学研究活动。当你真正成为一名优秀的语文老师的时候，你的内心一定是有一份特别的幸福的。

附录一 《乡愁》谱曲

　　《乡愁》是余光中先生的一首脍炙人口的诗歌，余光中先生因此被人称为"乡愁诗人"。在教学这一首诗歌时，为了帮助同学们记诵这首经典作品，我一时兴发，为这首诗歌谱写了曲子，教全班同学吟唱。同学们一时兴致高涨，更快地记住了这首经典作品。今特将此作品录入以作纪念。

乡　愁

余光中 词
黄翼新 曲

1 = ♭E 4/4

♩ = 70 抒情地

| 1·6 3 23 i - | i i· 6532 3·5 | 3 23 5   6156 i |

1. 小　时　候　　乡愁 是一枚　　小小　的 邮　　票，
2. 长　大　后　　乡愁 是一张　　窄窄　的 船　　票，
3. 后　来　啊　　乡愁 是一方　　矮矮　的 坟　　墓，
4. 而　现　在　　乡愁 是一湾　　浅浅　的 海　　峡，

| i i· 6532 3 | 3 23 5632 1 - ‖ | [结束句] 6 56 3 23 3 i· |

1. 我在 这　头，母亲 在 那头。
2. 我在 这　头，新娘 在 那头。
3. 我在 外　头，母亲 在 里头。
4. 我在 这　头，大陆 在 那头。　　大陆　在 那　头。

附录二　黄翼新中国画作品精选

《守望》179cm×192cm（2012 年）

《季节的容颜》200cm×200cm（2017 年）

予独爱莲之出淤泥而不染濯清涟而不妖中通外直不蔓不枝香远益清亭亭净植可远观而不可亵玩焉周敦颐之爱莲说此便写与友人对荷花之爱宜乎余工心在荷花堂余工心左一片

神奇的莲花宝地于莲自有一种特殊的感情今写连楼敬绿亭句以题之翼新至记

荷塘日日伴卿游

丁酉秋月黄翼新写于

《荷塘日日伴卿游》86cm×136cm（2017 年）

《露华香浓秋色艳》68cm×136cm（2014年）

《烛照九天》68cm×136cm（2013 年）

《湾塘春晓》144cm×220cm（2019 年）

《山寨路通百业兴》144cm×220cm（2018 年）

《壮哉梯田》200cm × 200cm（2017 年）

后 记

一生的努力，只想活成一束光。能照亮别人最好，至少不要让自己迷失方向。

从小就"好为人师"的我，不知不觉，做老师已三十五个年头了。这几十年，我很快乐：我这辈子至少是一个"有用"的人——有那么多的学生，毕业后还能记得我，以师礼敬我、待我。人生如此，夫复何求？

回头望，遗憾自己留下的东西太少，也终于高兴自己留下了一点点文字。整理下来，觉得这些文字也许能继续于人"有用"，于是，就有了结集出版的愿望。因这些文字都是自己三十五年教学实践中来，遂名之曰《躬行集》。

一是阅读教学之躬行。个人得益于 1997 年因参加赛课而形成的教学模式——"激导模式"，以此理念指导自己的教学实践，多次参加赛课或执教各级公开课都有佳绩。故将阅读教学相关论文、原创教学设计集于一体，如得观者能得点点启发，则"用"莫大矣。

二是作文教学之躬行。"激导模式"在写作教学中同样起到了重要的作用，而另一个重要的"躬行"，则是自己在作文教学过程中保留下来的"下水作文"。个人认为，"下水作文"是老师以学生的角色而作的文章，对自己如何理解作文题从而指导学生作文起到很大的帮助作用，它使我的作文课有更多的学生感兴趣，而"兴趣是最好的老师"，因此，我越来越喜欢这样的教学实践活动。

三是综合素养之躬行。"语文老师必须是一个杂家"，因此，我广泛涉猎文学艺术。坚持画画三十多年，把自己画成了一个小有名气的"画家"；坚持写点除教案之外的文字，于是就有了题画诗，有了美术评论，有了散文随笔……这些文字，水平或许不见得有多高，但透过文字，可以感受到自己曾经跳动过的脉搏，我珍视这些文字，但愿也有能让你喜欢的。

在文集后面，我附录了曾经在教学中为余光中先生《乡愁》作的一个简谱，同时还附录了自己的 8 幅相对有一定代表性的中国画作品，稍有遗憾的是，未能以彩页来呈现作品的原貌，附录之作算是让大家在这本书中也可以对我画作的面貌有所了解吧。

在这里，我要感谢几十年来给予我教学指导和支持的老师、同事和朋友；要感谢湖南师大中文系周敏教授为拙作写序一；要感谢我的指导老师湘潭市教科院语文教研员赵晖老师为拙作写的序二；特别要感谢我现在工作的学校——湘乡市东山学校给予本书出版的大力支持；感谢我的师兄贺继烈先生鼎力资助；同时感谢师大出版社对拙作的认可；感谢我的家人背后的默默支持……

我的教学生涯还有好几年，我的人生应该还有更长的路要走。《躬行集》只是我从教三十五年的一个阶段记录。由于本人水平有限，难免存在谬误和纰漏，敬请批评和指教！

躬耕杏坛育才俊，德行天下练人生。投入的越多，收获就会越大。我渴望收获，因此我在不断地投入。朋友，工作中再见！

2021 年 8 月 10 日